公式
ハリー・ポッター
魔法の料理帳

原書房

公式
ハリーポッター
魔法の料理帳
ジョアンナ・ファロー 内田智穂子 訳
Joanna Farrow Chihoko Uchida

WIZARDING
WORLD

目次

魔技術法のレベル

参考までに、レシピの難易度を稲妻(いなずま)の数でランクづけした。1～5個まで5段階だ。

ϟ 入門
ϟϟ 初級
ϟϟϟ 中級
ϟϟϟϟ 上級
ϟϟϟϟϟ 挑戦級

スイーツ編 62

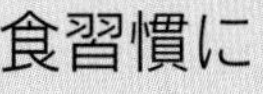

食習慣にかんする旗印

ヴェジタリアンやヴィーガン向け、グルテンフリー食を作る場合は、旗の色をチェックしよう。目的に合ったレシピが選べる。

- V ヴェジタリアン向け
- VG ヴィーガン向け
- GF グルテンフリー食

着色料、キャンディ、トッピングなど、店で材料を買うときは、かならず製造元が記した原材料を確認し、植物由来のものを選ぶこと。

アクシオ！
ACCIO

ようこそ！
『公式　ハリー・ポッター　クッキングブック』へ

さあ、魔法の冒険に出かけよう――
キッチンに足をふみいれるだけでオッケー！

　稲妻ブレッド、グリフィンドールの剣クッキーから、クィディッチ競技場フォカッチャまで、この魔法の書には映画『ハリー・ポッター』をヒントに考えたおいしい料理のレシピが満載だ。

　料理をはじめるまえに確認しよう。リストに並んでいる材料や道具が全部そろっているか？――さらに、ハーマイオニーの知性、ハリーの勇気（困難なときこそ）、ロンらしい食欲も大事だ！　食いしんぼうでいることはとても大切。だって、これから紹介するのはよだれが出るようなレシピばかりだから。材料はどれもヘルシーで、ヴェジタリアンやヴィーガン向け、グルテンフリー食も選べる（旗の色でチェックしよう）。

　稲妻マークは調理の難易度で、稲妻ひとつ（入門）から５つ（挑戦級）まである。１から順に進めてもいいし、いきなり５に挑んでみるのもいい。さて、どうする？　あなたはホグワーツの４つの寮――グリフィンドール、スリザリン、レイブンクロー、ハッフルパフ――のうちどこの生徒だろう？（なにはともあれ、ホグワーツの紋章パイも寮のメレンゲもとびきりおいしい！）

　作る料理を選んだら、せっけんを使ってきれいに手を洗い、服を汚さないようにエプロンをしよう。もし、まだホグワーツの外に出て魔法を使えない年齢なら、大人につきそってもらうこと。包丁や調理器具、熱いオーブンやフライパンを使うときはなおさらだ。ファンつきオーブンを使う場合は設定温度を10～20℃下げよう。アレルギーについては大人といっしょにレシピをきちんと読み、確認してもらうこと。

　最後に。鉛筆（もし持っているなら魔法の杖）をにぎって、大きな声で呪文をとなえよう。「われ、ここに誓う。われ、よからぬことをたくらむ者なり！」さあ、これでハリー・ポッターのキッチンマジックをかける心の準備は完了だ。

ハッピーな
魔法のクッキング！

安全に調理するために

どの料理もすごくおいしいから、すぐに作りたくなるはず。でも、そのまえに、安全に料理できるよう、次の大切な約束を読んでおこう。

約束を守れば、すべて魔法がかかったようにうまくいく！

調理前

約束#1

せっけんを使ってしっかり手を洗い、清潔なタオルできちんとふくこと。

約束#2

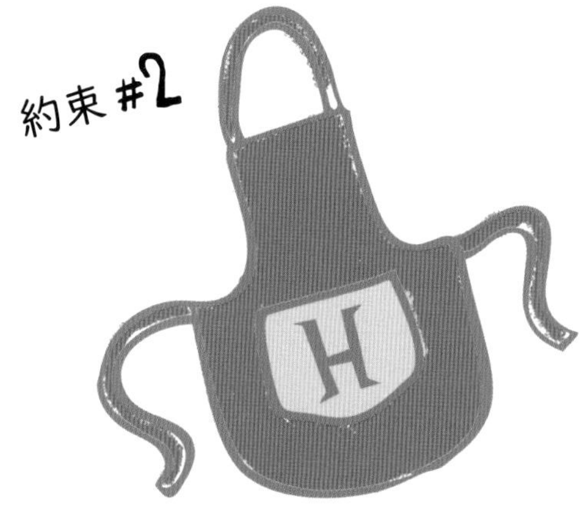

服が汚れないようにエプロンをしよう。髪が長い人は後ろでむすぶこと。

約束#3

まずはレシピを読み、材料や道具がすべてそろっているか確認しよう。

約束#4

調理する場所を片づけてきれいにしておこう（調理中もできるかぎり）。

調理中

約束 #5

とがったもの（包丁など）や熱くなるもの（オーブンなど）を使うときは、大人に手伝ってもらうこと。

魔法に失敗したギルデロイみたいになってはいけない――かわいそうに、おかげでハリーの腕の骨が消えてしまった。

約束 #6

オーブンを使うときは、やけどをしないようにかならずミトンをつけること。また、包丁で手を切らないように気をつけて。

調理後

約束 #7

けっしてできたてのアツアツを出してはいけない。飛びつくまえにすこし冷まそう。

だって、あなたたちはドラゴンではないんだから！

気をつけて！

材料をきちんとあつかわないと、食べてから気分が悪くなってしまうかもしれない。果物、野菜、ハーブは使うまえにかならずきれいに洗うこと。生の肉はほかの材料にふれないように。

生の肉を調理するときはできれば別のまな板を使おう。さわったあとは忘れずに手を洗うこと。

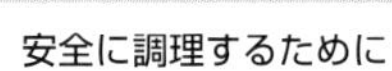

Lumos
Riddikulus
Expecto Patronum
Accio

食事編

「さあ、祝宴(しゅくえん)じゃ！」

ダンブルドア校長

食事編で紹介するのは塩気のある料理やスパイシーな料理。自分なりに腕をふるってみよう。

稲妻（いなずま）ブレッド

8個分　20分＋発酵（はっこう）時間　12分

ハリーは赤ちゃんのときヴォルデモート卿（きょう）に襲われ、額（ひたい）に稲妻形の傷を負った。これは平凡な魔法使いではないことを示す永遠の印。ハリーは生き残った男の子なのだ！　このトレードマークをアレンジして、とろけるチーズたっぷりの平たいパンを作ろう。

V

パン

強力粉……375g

ドライイースト……小さじ1

新鮮なハーブ類（みじん切り）……大さじ3（またはドライハーブミックス……小さじ1）

チェダーチーズ（細かくおろす）……60g

オリーブオイル……大さじ3

塩……小さじ1

仕上げ

チェダーチーズ（細かくおろす）……大さじ4

パプリカパウダー

1　パン生地を作る。ボウルに強力粉、イースト、ハーブ、チーズ、オイル、塩を入れ、湯250mlを足し、ヘラを使ってよくまぜる。ぼそぼそしていたら少し湯を足そう。

2　粉をふった台に生地を乗せ、なめらかで弾力が出るまで10分ほどこねる。オイルをうすくぬったボウルに入れてラップをかけ、約2倍にふくらむまで暖かい場所で1時間〜1時間半寝かせる。

3　オーブンを220℃に予熱し、天板2枚にクッキングシートをしく。粉をふった台に生地を乗せて8等分し、それぞれ約17×11.5cmの楕円（だえん）形に伸ばす。

4　天板1枚に4個ずつ、あいだをあけておき、とがった包丁の先で表面に稲妻マークをつける。

5　オイルをぬったラップをふんわりとかぶせ、少しふくらむまで暖かい場所で30分ほど寝かせる。オーブンで10分焼き、チーズとパプリカをふりかけ、チーズがとろけるまでさらに数分焼く。焼きたてでも冷めてもおいしい。

VG　ヴィーガン向けには好みのヴィーガン用チーズを使おう。

「この傷は伝説だ」

——ルシウス・マルフォイ、『ハリー・ポッターと秘密の部屋』

魔法界こぼれ話

映画全8作の撮影中、ハリー役をつとめたダニエル・ラドクリフの額に稲妻マークを付けた回数は、なんと2000回以上におよぶ。

スペシャル
ヒント
稲妻ブレッドは冷凍保存できる。食べるときは、凍ったまま180℃に予熱したオーブンに入れて10分焼こう。

魔法の杖ブレッド

8本分　1時間＋発酵時間　10分

オリバンダーの店で売っている魔法の杖に負けない、おいしい杖を作ろう。どんな杖がいい？　ハーマイオニーのツタがからまる杖？　ハリーが使っている、木の幹みたいな柄がついた杖？　それとも、オリジナル？　どんな杖でもとびきりおいしいはず……その杖をふるだけでいい。さあ、みんなで唱えよう！「エクスペクト・パトローナム／守護霊よ、来たれ！」

V　VG

杖

全粒粉……155g
ドライイースト……小さじ1/4
ドライハーブミックス……小さじ1
オリーブオイル……大さじ1
塩……小さじ1/2
アーモンドミルクまたはオーツミルク……少々、つや出し用

ディップ

乳製品不使用ヨーグルト……120g
ヴィーガン用マヨネーズ……120g
ヴィーガン用ブラックオリーブペースト……大さじ2

1　ボウルに全粒粉、イースト、ハーブ、オイル、塩を入れる。湯90mlを足し、ヘラでよくまぜる。ぼそぼそしていたら少し湯を加えよう。粉をふった台に乗せ、なめらかで弾力が出るまで10分ほどこねる。粉をふったボウルに入れ、ラップをかけて暖かい場所で30分ほど寝かせる。
2　オーブンを220℃に予熱して、天板にクッキングシートをしく。粉をふった台に生地を乗せ、8等分する。手のひらでころがして伸ばし、長さ約30cm、先が細い杖の形にする。焼くとふくらむので、かなり細めにしておこう。
3　表面にハケでアーモンドミルクかオーツミルクをうすくぬり、表面がかたまるまで8～10分焼く。
4　焼いているあいだにヨーグルトとマヨネーズをまぜ、大さじ1を残してディップ用の器に入れる。残した分とオリーブペーストを合わせたら、器に入れて軽くまぜる。杖に添えて出そう。

バジルソース
写真のようなディップもためしてみよう。呪文を正しく唱えるために、かならず役に立ってくれる。
トマトサルサ
ヴィーガンチーズ
スペシャルヒント
『ハリー・ポッター』に出てくる好きなキャラクターと同じ杖を作りたい？　では、見本を紹介しよう。
ロン
ダンブルドア校長
ハーマイオニー
ハリー
ジニー

ミンビュラス・ミンブルトニア・ベーグル

1本分　　1時間＋発酵時間　　35分

ネビルみたいにスプラウト教授の薬草学の授業を熱心に聞いていれば知っているはずだ。ミンビュラス・ミンブルトニアはめずらしい魔法の植物で、サボテンに似ているが、トゲの代わりにおできがいっぱいついている。ここではサボテン風のベーグルを作ろう。心配しないで。緑色のスティンクサップ（臭液）は取りのぞいておいたから！

V

ベーグル

強力粉……500g
ドライイースト……小さじ1と1/2
塩……小さじ1と1/2
卵（かきまぜる）……大1個
オリーブオイル……大さじ2
グラニュー糖……大さじ2

仕上げ

卵白（かきまぜる）……大1個
バジルソース……約150g
トウガラシ……2本

特別な道具

容量1.5リットルのパン焼き型
ハケ
穴あきおたま

1　ベーグルの生地を作る。ボウルに強力粉、イースト、塩、卵、オイル、砂糖を入れ、湯250mlを足してよくまぜる。ぼそぼそするようなら少し湯を足そう。粉をふった台に乗せ、なめらかで弾力が出るまで10分ほどこねる。うすくオイルをぬったボウルに入れてラップをかけ、2倍にふくらむまで暖かい場所で1時間～1時間半寝かせる。

2　焼き型の内側にオイルをうすくぬる。生地をたたいて空気をぬき、粉をふった台に乗せ、直径2.5～5cmのさまざまな大きさの球を作る。天板にうすく粉をふり、あいだをあけて球を並べたら、ふんわりとタオルをかけ、少しふくらむまで15分寝かせる。

3　大きな鍋に湯をわかし、熱湯に気をつけながら球をゆでる。4回に分け、途中でひっくり返して上下30秒ずつゆでよう。穴あきおたまですくいあげて台におく。

4　オーブンを220℃に予熱する。ボウルにバジルソースと卵白を入れてかきまぜ、球をひとつずつソースにくぐらせて焼き型に入れていく。ソースはハケで均等に伸ばそう。球をきれいに積み重ね、残ったソースを表面全体にぬる。

5　生地を30分焼く。焼き色が濃くなりそうなときは、ふんわりとアルミホイルをかぶせよう。焼いているあいだにトウガラシのタネを取って0.5cm幅に切り、さらに先がとがるよう三角形に切る。

6　焼けたベーグルをオーブンから取りだし、とがったナイフで小さな切れめを入れ、トウガラシを刺しこむ。オーブンに戻してさらに10分焼く。こげそうになったら、ふんわりとホイルをかぶせる。焼き型に入れたまま粗熱をとる。焼きたてでも冷めてもおいしい。厚めに切って出そう。

魔法界こぼれ話

ミンビュラス・ミンブルトニアは、つっつくと深緑色のスティンクサップ（臭液）を放出する。その名のとおり、とにかく臭い。つねに気をつけよう。

食べかた

このパンは、そのままでも、サンドイッチに使っても、パーティの1品にしてもばつぐんだ。ホイルにくるんで温めなおすこともできる。

ネビルは『ハリー・ポッターと不死鳥の騎士団』で、生徒たちがホグワーツに到着したとき、どくどくと脈打つミンビュラス・ミンブルトニアを持っていた。その後、グリフィンドールの談話室でもいっしょに登場している。

サラザール・スリザリンのサワードウ・スネーク

大型パン1個分　1時間半＋生地を寝かせる ひと晩＋発酵時間　30分

ハリー・ポッターの映画に登場するきわめて恐ろしい生き物はバジリスクだ。別名スリザリンのヘビ。サラザール・スリザリンがホグワーツを去るさい、秘密の部屋においていった、牙(きば)を持つ巨大ヘビだ。この怪物は見た者を石に変えてしまう。ここでは、いまにも襲いかかってきそうなヘビを作ってみよう。なにかあったときのためにグリフィンドールの剣クッキー（66～67ページ）がほしくなるはずだ。

生地

強力粉……655g
ドライイースト……小さじ1
塩……小さじ2

仕上げ

卵（かきまぜる）……大1個、つや出し用
けしの実（黒）……大さじ1
アーモンド（くだく）……2かけ
キュウリの皮……少々
食品着色料（緑）
クリームチーズ（必要なら）

1　サワードウ（パン種(だね)）を作る。大きめのボウルに強力粉250gとイーストを入れ、ぬるま湯250mlを足し、よくまぜてねっとりとした生地にする。しめらせたタオルをかぶせて室温で24時間寝かせると、ふくらんで表面に泡ができる。

2　翌日、残りの強力粉と塩をまぜ、ぬるま湯150mlを足したら、よくこねてやわらかくべたつかない生地にする。ぼそぼそしていたら少量の湯を足そう。粉をふった台に乗せ、なめらかで弾力が出るまで10分ほどこねる。うすくオイルをぬったボウルに移し、ラップをかけ、2倍にふくらむまで暖かい場所で2時間ほど寝かせる。

3　天板2枚にクッキングシートをしく。厚紙の筒を長さ12.5cmと5cmに切り、アルミホイルでくるむ。生地をたたいて空気をぬき、粉をふった台におく。生地の3/5を手のひらで押しころがして約100cmに伸ばし、しっぽになる片方の先をとがらせる（下記ヒント参照）。

4　1枚の天板の中央に長いほうの筒を立てる。しっぽの先を反対向きに少し丸めてから筒の回りにヘビのように巻いていく。

特別な道具

12.5cmと5cmの厚紙の筒（キッチンペーパーやラップの芯など）
毛の細いハケ
包丁（できればのこぎり刃）

VG　ヴィーガン向けの場合、つや出しには卵液の代わりにオーツミルクやライスミルクを使おう。

スペシャルヒント

生地を伸ばしていると、やがてねばりが出てきて伸びなくなってしまう。そんなときは数分待ってからもういちどやってみよう。途中で1～2回、生地を休ませるといい。

5　残りの生地を半量に分ける。ひとつを約30cmに伸ばし、4の先に足して筒の向こう側でつなぎめがわからないようにくっつけてさらに巻く。

6　短いほうの筒を軽く押しつぶし、別の天板に乗せる。残っている生地を20cmに伸ばし、片方の先を筒に押しつけてカーブした頭部を作る。オイルをぬったラップをかけ、ふくらむまで暖かい場所で45分寝かせる。オーブンを220℃に予熱する。

7　かきまぜた卵液を生地にぬり、けしの実をふりかけて20分焼く。オーブンから取りだし、胴体から筒をぬいたら、ふたたび10分焼いて冷ます。

8　組み立てるときは大人につきそってもらって慎重（しんちょう）に。頭部から、できればよく切れるのこぎり刃を使ってで小さなV字（口）を切りとったら、胴体の穴に差しこむ。とがった牙にはアーモンドをカットして刺そう（左記ヒント参照）。先の割れた長い舌はキュウリの皮で作る。最後に、緑の着色料で目を描いたら完成だ。

スペシャルヒント

アーモンドの牙をつけるのは難しい。とがった包丁の先で口の上側に小さな切りこみを入れて刺しこんでみよう。うまくつかない場合は、クリームチーズをのりの代わりにすればいい。

魔法界こぼれ話

ハリー・ポッター映画シリーズで作られた巨大セットのひとつが秘密の部屋だ。驚くなかれ、その大きさは76×35m。この部屋に住む恐ろしいバジリスクの動きは、CGとアニマトロニクス（生物ロボット技術）を駆使している。

魔法の帽子

 10個分　 20分　25分

このソーセージパイは手早く作れるごちそうだ。ラッキー！　というのも、魔法界ではこの帽子をかぶらないと正装にならないから。このちょっと変わったパイは魔女の帽子がモデル。マクゴナガル教授がいつもかぶっている先のとがった帽子だ。上手に作れば10点もらえる。

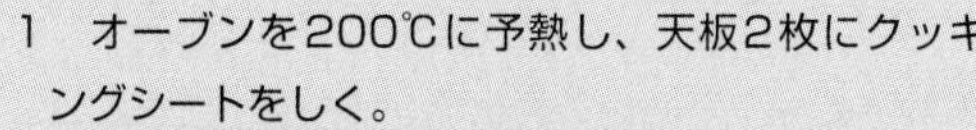

パイ生地（折りこみタイプ）……450g
小さなソーセージ……10本
卵（かきまぜる）……大1個
クミンまたはコリアンダー（粉末）……少々
塩……少々

1　オーブンを200℃に予熱し、天板2枚にクッキングシートをしく。

2　粉をふった台に生地を乗せ、46×33cmの長方形に伸ばし、半分に切る（23×33cm）。それぞれを底辺約10cm、高さ約23cmの細長くとがった三角形5個になるようカットしてととのえ、底辺に卵液をぬる。

3　キッチンバサミを使って形がくずれないようにソーセージの皮を切りとる。中身を三角形の底辺におき、ソーセージの端（はし）がぎりぎり見える程度まで巻きあげる。あとでほどけないよう、巻き終わりの部分をつまんでしっかりつけておくこと。

4　少しあいだをあけて天板に並べる。帽子にしわを2か所入れ、てっぺんを少しひねって形を整える。

5　表面に卵液をたっぷりぬり、クミンまたはコリアンダーと塩を少々ちらす。生地が少しふくらんで黄金色になるまで25分焼く。焼きたてでも冷めてもおいしい。

V　ヴェジタリアン向けには、自家製、または、店で買ったヴェジタリアン用ソーセージを使おう。

魔法界こぼれ話

マクゴナガル教授は、とんがり帽子のほか、外出用にチェック柄の鹿撃（しか）ち帽も持っていて、映画第1作、クィディッチの試合中にかぶっている。

スペシャルヒント

クミンやコリアンダーの代わりに、好みの香辛料も使ってみよう。

ホグワーツ紋章パイ

4人分　1時間半＋冷やす時間　45分

4種のトッピングをかざった食欲をそそるホグワーツ紋章パイ。このパイにかぶりついたとき、その人のタイプがわかる。あなたが選ぶのはグリフィンドール？　スリザリン？　レイブンクロー？　ハッフルパフ？　でも、つねにお腹をすかせているロンが選ぶのは……そう、全部だ！

V

- パイ生地（折りこみタイプ）……675g
- 卵黄……大1個
- デコレーションペン（黒）
- オリーブオイル（炒め用）……大さじ2強
- タマネギ（みじん切り）……大1個
- パプリカ（黄、みじん切り）……1個
- ズッキーニ（すりおろす）……小1個
- 濃厚なトマトソース……120ml
- バジルソース……大さじ1
- ナス（細かなさいの目切り）……小1個
- チェダーチーズ……4スライス
- 塩、コショウ……好みで

1　天板2枚にクッキングシートをしく。118～119ページのホグワーツ紋章パイのテンプレートを紙に写して切りとる。粉をふった台にパイ生地を乗せて厚さ3mmに伸ばし、型紙に沿ってカットする。形がくずれないように注意しながら天板2枚に移し、20分以上冷蔵庫で冷やす。

2　とがった包丁の先を使って、紋章の端から5mmのところに浅いラインを入れて縁を作る。次に、型紙に合わせ、紋章を縦横4つに区切るように5mm幅で十字の線を入れる。ハケを使って、縁と十字の線、残りのパーツの表面全体に卵黄をぬる。紋章上部、香水入れの形をした丸い部分にカーブ状の浅い切りこみを入れ、冷蔵庫で冷やす。

3　フィリングを作る。フライパンにオイル大さじ2を入れ、タマネギ1/3と黄パプリカを加えて5分炒め、塩、コショウで軽く味つけをしたらボウルに取りだす。フライパンにオイルを少々足し、残りのタマネギの半量とズッキーニを入れて5分炒め、バジルソースをまぜたら別のボウルに移す。もういちどフライパンにオイルを少々足し、残ったタマネギとナスを入れ、ナスが茶色くなるまで約10分炒める。

4　117ページの動物の型紙をスライスチーズの上に乗せ、とがった包丁の先で切りとる。

5　オーブンを220℃に予熱する。パイ生地がふくらんで黄金色になるまで10～15分ほど焼く。鋭い包丁の先を使って、紋章の4枠、フィリングを入れる部分の上部をはがしとる。デコレーションペンで、下の帯のパーツに「DRACO DORMIENS NUNQUAM TITILLANDUS」、四角いパーツに「H」と書こう。

6　写真のように3で作ったフィリングとトマトソースをしきつめる。ふたたびオーブンに入れて6～8分焼く。取りだしたらチーズと「H」のパーツを乗せ、チーズが柔らかくなるまでさらに1分焼く。

7　皿かボードに移し、写真を参考に飾りつける。

魔法界こぼれ話

紋章にきざまれたホグワーツのモットーは、ラテン語で「眠れるドラゴンをくすぐるべからず」という意味だ。

H
DRACO DORMIENS NUNQUAM TITILLANDUS

2000

ニンバス2000クラッカー

10個分  30分  15分

ハリーはマクゴナガル教授からこっそり魔法の箒(ほうき)ニンバス2000を贈られ、ホグワーツで話題の人となった。ニンバス2000は当時、最新かつ最速の箒で、生徒たち全員がほしがっていたからだ。ミニサイズのこの箒を作れば、あなたも注目のまと。本物のニンバス2000同様、あっというまに消えてしまうクラッカーだ。

V

中力粉……85g
塩……ひとつまみ
タイム（みじん切り）……小さじ1
無塩バター（固形、角切り）……55g
チェダーチーズ（おろす）……30g
卵黄……大1個
チリパウダー（マイルドタイプ）……小さじ1/4
長ネギ（緑色）……2本
裂けるチーズ……2本

1　オーブンを190℃に予熱し、天板にクッキングシートをしく。ボウルに中力粉、塩、タイム、バターを入れて指でこするようにまぜ、パン粉状になったらチーズを加えてまぜる。卵黄の半量を取りおき、残りをボウルに入れてこね、かための生地を作る。

2　粉をふった台に生地を乗せ、17×12.5cmの長方形に伸ばす。4辺の端(はし)をきれいにカットし、縦長の棒10本に切り分ける。

3　天板に並べ、指を使って中央を少し曲げ、片方の先を少しつぶす。取っておいた卵黄にチリパウダーを加えてハケで生地にぬる。黄金色になるまで15分ほど焼き、天板の上で冷ます。

4　長ネギの両端を落として指ほどの長さにし、縦に細長く10本に切る。耐熱ボウルに熱湯を入れ、長ネギをひたして1分たったら湯を切る。

5　裂けるチーズを長さ5センチにカットし、縦4つ割にする。それぞれ片端を細く裂く。逆の先を押しつまんで平らにし、箒のつぶした部分に乗せる。長ネギのひもをむすび、形を整える。

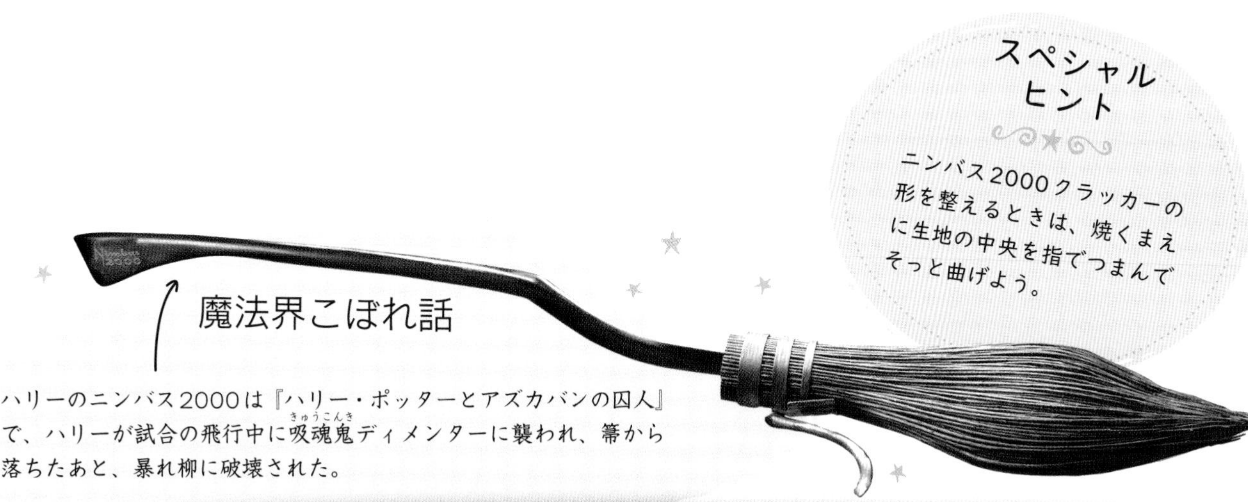

スペシャルヒント

ニンバス2000クラッカーの形を整えるときは、焼くまえに生地の中央を指でつまんでそっと曲げよう。

魔法界こぼれ話

ハリーのニンバス2000は『ハリー・ポッターとアズカバンの囚人』で、ハリーが試合の飛行中に吸魂鬼(きゅうこんき)ディメンターに襲われ、箒から落ちたあと、暴れ柳に破壊された。

黒い湖タルト

6人分　50分＋冷やす時間　1時間

トライウィザード・トーナメント第2の課題では、黒い湖に、ボーバトン魔法アカデミーの代表選手としてフラー・デラクールが登場する。ここでは代表選手たちが大事なものを取りかえすべく、マーピープルや水生生物と戦わなければならない。ありがたいことに、このおいしいタルトを作るためにたくましい魔法使いになる必要はない。1時間くらいあれば十分だ。

生地

中力粉……280g
塩……ひとつまみ
無塩バター（固形、角切り）……165g
卵黄……大2個分

フィリング

無塩バター……25g
タマネギ（きざむ）……1個
ベーコン（きざむ）……8枚
ニンニク（つぶす）……2片
冷凍粒コーン……175g
卵……大3個
乳脂肪分の高い生クリーム……150ml
牛乳……150ml
スティルトンまたはかためのブルーチーズ（おろす）……75g
ズッキーニ……大1本
塩、コショウ……好みで

特別な道具

底がはずせる23cmのタルト型
パイウェイト（生地がふくらまないようにするおもし）

V

このおいしいタルトは、ヴェジタリアン向けにベーコンをぬいても、別ヴァージョンはたくさんある。風味を足したければ、コリアンダー、ディル、チャイブのみじん切りをふりかけよう。

1　生地を作る。ボウルに中力粉、塩、バターを入れ、指でこするようにまぜ、細かいパン粉状にする。卵黄と冷水大さじ2を足し、ヘラでまぜてから手でしっかりとこねる。ラップをかけ、冷蔵庫で30分冷やす。

2　オーブンを200℃に予熱する。生地の1/4（小さなリンゴくらい）を取りおき、3/4は粉をふった台でうすく伸ばし、タルト型に入れる。はみ出した縁はカットし、取っておいた生地と合わせる。タルト型は飾りを用意しているあいだ、冷蔵庫で冷やしておく。

3　115ページのマーピープルのテンプレートを紙に写して切りとる。生地を伸ばし、型紙に沿ってカットしたらクッキングシートをしいた天板に乗せる。鼻の部分は包丁の先でへこませ、残った生地で唇を作って乗せる。次に、残った生地をうすく伸ばし、切れ味のいい包丁で細長くたくさん切りとり、適当に曲げて髪の毛にする。

4　タルト生地の上にクッキングシートをかぶせ、パイウェイトを乗せたら、飾りのパーツとともに20分焼く。パーツを取りだし、タルトはシートとパイウェイトを取りのぞいてさらに5分焼く。オーブンの温度を180℃に下げる。

5　フィリングを作る。フライパンにバターを溶かし、タマネギとベーコンをうす茶色になるまで5分ほど炒め、ニンニクを加えてさらに2分炒める。これをタルトに乗せ、コーンをちらす。ボウルに卵を割り入れ、生クリーム、牛乳、塩とコショウを少々入れてまぜる。これをタルトの上に流し入れ、チーズをふりかけたら20分焼く。

6　小さな包丁でズッキーニの皮をうすくむき、2.5～5cmの細長い海藻の形にカットしてタルトの縁に並べる。タルト中央に顔と髪の毛を乗せ、形を整える。ふたたびオーブンに入れて10～15分焼く。そのあいだにズッキーニで小さな目を作り、焼けたタルトに乗せる。焼きたてでも冷めてもおいしい。

知ってた？

タルトの誕生は中世のパイ作りまでさかのぼる。もともとはイタリア、フランス、ドイツで生まれた郷土料理だった。

魔法界こぼれ話

『ハリー・ポッターと炎のゴブレット』（および、このタルト）のマーピープルは、黒い湖に住む水生生物だ。映画特殊効果チームはコンピューター・アニメーションと模型を駆使してマーピープルに息を吹きこんだ。

フクロウ・マフィン

8個分　30分＋冷ます時間　30分

みんなの仲間、かわいらしいフクロウは魔法界で郵便配達をしている——ホグワーツの合格通知、魔法の箒(ほうき)ファイアボルト、そして、吼(ほ)えメール（44～45ページ）も。この贅沢なマフィンで8羽のフクロウを呼びだし、飛ばしてみよう——自分の口に向かって！

V　VG　GF

マフィン

サツマイモ（角切り）……200ｇ
グルテンフリー中力粉……125g
コーンスターチ……大さじ3
グルテンフリーベーキングパウダー……小さじ2
重曹(じゅうそう)……小さじ1
塩……小さじ1/2
チャイブ（きざむ）……大さじ3
オーツミルク……150ml
植物油……大さじ3＋型にぬる分

飾り

乳製品不使用バター……55g
トマトペースト……大さじ1
アーモンドスライス……数個分
ラディッシュ……数個
黒ブドウまたは赤ブドウ……数個
赤パプリカ……少々
ズッキーニ……少々

1　マフィンを作る。オーブンを180℃に予熱する。焼き型の内側に植物油をぬる。

2　熱湯にサツマイモを入れてやわらかくなるまで10分ゆでる。水気を切ってつぶし、冷ます。

3　ボウルに中力粉、コーンスターチ、ベーキングパウダー、重曹、塩、チャイブを入れてまぜる。つぶしたサツマイモにミルクと植物油を加えてまぜ、均一になったら生地に加えてよくまぜる。スプーンですくってこぼれない程度のかたさにしよう。

4　スプーンで生地を焼き型に入れ、表面を平らにする。ふくらんで表面が乾くまで20分焼く。型から出し、ワイヤーラックに移して冷ます。

5　バターとトマトペーストをまぜ、マフィンにぬる。

6　マフィンの上にアーモンドスライスを重ねて並べ、羽にする。目の位置にうすくスライスしたラディッシュをおき、カットしたブドウを乗せる。くちばしはパプリカを細長いひし形に、まゆ毛はズッキーニを半円型に切って乗せる。出すまで涼しい場所で保管する。

特別な道具
マフィン焼き型

まゆ毛の位置を変えていろいろな顔を作ってみよう。少しずらすだけでびっくりするほど表情が変わる。

スペシャル ヒント

このフクロウは顔を飾りつけた日に食べるのがベスト。ただ、あらかじめ前日にマフィンを作っておくか、冷凍しておいてもいい。冷凍した場合は、マフィンをひと晩冷蔵庫に入れておいて解凍し、食べる日にトッピングしよう。

パンプキン・パッチ・パイ

8個分　1時間＋冷やす時間　40分

このパンプキン・パッチ・パイは本物そっくり。まるでホグワーツのパンプキン・パッチにあるハグリッドの小屋の近くにいるかのような気分になれる。栄養豊富な緑野菜をたっぷり使うので、ハロウィンだけでなく、いつ食べても完璧（かんぺき）な健康食だ。

1　パイ生地を作る。中力粉、塩、バターをフードプロセッサーに入れ、細かなパン粉状になるまで撹拌（かくはん）する。冷水大さじ4を足し、なめらかな生地になるまでさらにまぜる。ぼそぼそしていたら冷水を少し足そう。台の上に取りだし、ブロック状にかためる。ラップをかけ、フィリングを用意しているあいだ冷蔵庫で冷やす。

2　フライパンを熱し、ベーコンをカリカリになりはじめるくらいまで数分炒めたら、タマネギを足し、しんなりするまで3～4分炒める。ボウルに移し、ローズマリーまたはタイム、トマトピューレ、パンプキンピューレ、フェタチーズ、塩とコショウ少々を加えてあえる。

3　セロリを長さ4cmに切り、さらに縦に細く切って冷水につけておく。

4　オーブンを200℃に予熱し、天板にクッキングシートをしく。116ページのパンプキンのテンプレート（大と小）を紙に写して切りとる。生地を半分に分け、どちらも厚さ3mmに伸ばす。大小の型紙を乗せ、小さなとがった包丁で切りとる。切れ端をまとめてまた伸ばし、できるだけたくさん、大小とも偶数枚作ろう。

5　パンプキン型の生地を2枚ずつ合わせる。まず下側の縁（ふち）に水をぬり、端（はし）を1cm残してフィリングを乗せる。ペアになる生地を上からかぶせ、周囲をしっかり押さえ、完全に閉じたら天板に乗せる。

6　卵黄に赤い着色料を1～2滴たらしてまぜ、生地にぬる。とがった包丁の先で表面にパンプキンらしくすじを入れよう。

7　パンプキンの小は25分、大は35分焼く。焼けたらてっぺんにセロリを刺し、クレソンまたは豆苗をたくさんしいた皿に盛りつける。焼きたてでも冷めてもおいしい。

パイ生地

中力粉……315g
塩……小さじ1
無塩バター（冷やす）……220g

フィリング

ベーコン（きざむ）……4枚
タマネギ（きざむ）……1個
ローズマリーまたはタイム（細かくきざむ）……小さじ2
トマトピューレ……大さじ2
パンプキンピューレ……350g
フェタチーズ（くずす）……100g
塩、コショウ……好みで

仕上げ

セロリの茎……1/2本
無添加（むてんか）食品着色料（赤）……数滴
卵黄（かきまぜる）……大1個
クレソンまたは豆苗（飾りつけ）

V　ヴェジタリアン向けにはベーコンをぬき、タマネギを炒めるまえに、ひとにぎり分の刻んだマッシュルームを足そう。

ニコラス・フラメルの手紙

8個分　45分＋冷やす時間　25分

賢者の石と同様、このごちそうは見た目以上の力を持っている。おいしい具がつまったパイは、残念ながら不老不死の効果はないが、お腹を満たしてくれる。それに、このパイを手に入れるのは簡単だ。生きている人間サイズのコマを使う魔法の巨大チェスをしたり、悪魔の罠に立ち向かったりしなくても作れる。

V　GF

パイ生地

グルテンフリー中力粉……250g
塩……ひとつまみ
無塩バター（固形、角切り）……165g
卵……大1個

フィリング

オリーブオイル……大さじ1
タマネギ（みじん切り）……小2個
ニンニク（つぶす）……2片
クミンシード……小さじ2
コリアンダー（きざむ）……大さじ3
ヒヨコマメ（水煮）……160g
ハチミツ（透明）……大さじ1
日干しトマトペースト……大さじ2
ビーツ（おろす）……150g
卵（かきまぜる）……1個、つや出し用
塩、コショウ……好みで

1　ボウルに中力粉、塩、バターを入れ、指でこするようにまぜ、パン粉状にする。卵と冷水小さじ1を加え、しっかりした生地にする。板状に整え、ラップをかけて30分冷やす。

2　フィリングを作る。フライパンでオイルを熱し、タマネギをしんなりするまで3分炒める。さらに、ニンニク、クミンシード、コリアンダーを加えて1分炒める。これをフードプロセッサーに入れ、ヒヨコマメ、ハチミツ、トマトペーストを足し、ヒヨコマメがくだけるまで軽く撹拌する。ビーツを加え、全体に色がつくまでさらにまぜ、塩、コショウで味をととのえる。

3　オーブンを190℃に予熱し、天板にクッキングシートをしく。粉をふった台に生地を乗せ、46×23cmに伸ばす。4辺の端をきれいにカットし、1辺11.5cmの正方形に8等分する。縁に卵液をぬり、中央にフィリングを乗せる。

4　正方形の4つの角をつまんで合わせ、フィリングを包みこむようにとめる。辺が重なる部分をしっかりと閉じて天板に並べる。表面に卵液をぬり、黄金色になるまで20分焼く。焼きたてでも冷めてもおいしい。

賢者の石を作った人物として唯一知られているのは、錬金術師のニコラス・フラメル。アルバス・ダンブルドア校長の長年の友人だ。

魔法界こぼれ話

賢者の石は金属を金に変えるだけでなく、命の水を作ることもできる。命の水を飲んだ者は永遠の命を授かるのだ。

死の秘宝(ひほう)ブレッド

大1個分　45分　45分

死の秘宝のシンボルは3つの秘宝を示している。ニワトコの杖、蘇(よみがえ)りの石、透明マントだ。このパンは準備から出すまで1時間あまりしかかからない。食べても死を制(せい)する者にはなれないが、キッチンを制する者にならなれる。それに、心があたたまるし、とにかくおいしい！

V

パン

オリーブオイル……大さじ2
タマネギ（みじん切り）……大1個
フェンネルシード……小さじ2
全粒粉……250g
中力粉……250g
ベーキングパウダー……小さじ2
重曹(じゅうそう)……小さじ1
塩……小さじ1と1/2
無塩バター（固形、角切り）……55g
ギリシアヨーグルト……300g
牛乳……120ml

仕上げ

オリーブオイル……大さじ2
ピーマン（細かいさいの目切り）……2個
タプナード（黒オリーブのペースト）……大さじ5

特別な道具

32×22cmの浅めの焼き型
紙またはビニールのしぼり出し袋

1　オーブンを220℃に予熱する。焼き型にオイルをぬる。フライパンでオイルを熱し、タマネギを入れ、まぜながら黄金色になるまで弱火で10分炒める。さらに、フェンネルシードを加えて2分炒める。

2　パンを作る。ボウルに粉2種、ベーキングパウダー、重曹、塩を入れ、バターを加えて指でこするようにまぜる。1のタマネギ、ヨーグルト、牛乳を足してまぜ、やわらかな生地にする。粉をふった台に乗せ、焼き型より少し小さな長方形に伸ばしたら、焼き型に入れて隅(すみ)まで押し広げる。かたまって焼き色がつく直前まで20～25分焼く。型に入れたまま10分おき、くずさないように台の上に取りだす。

3　飾りを作る。フライパンでオイルを熱し、ピーマンをやわらかく色つやが出てくるまで10分炒める。パンの端(はし)をきれいにカットしたら、ななめに2等分し、片方を裏表ひっくり返して並べ、三角形にする。

4　直径19cmの皿かボウルを三角形の中央におき、とがった包丁の先で周囲に切りこみを入れる。皿をはずし、円の中にタプナード大さじ1をぬり、円いっぱいにピーマンを乗せる。

5　残ったタプナードをしぼり出し袋に入れる。太い線が描けるように袋の先を切り、中央の線、3辺、円周上にしぼり出す。

スペシャルヒント

タプナードが苦手なら、マヨネーズ、トマトペースト、クリームチーズで線を描こう。ピーマンは別の色を使ってもいい。

魔法界こぼれ話

3兄弟の物語や3兄弟が死の秘宝を手に入れた経緯については、映画『ハリー・ポッターと死の秘宝PARTⅠ』でハーマイオニーが語っている。彼女は、ロンが幼いころ好きだった児童書『吟遊詩人ビードルの物語』を読んだのだ。

悪魔の罠（わな）プレッツェル

1個分　1時間＋発酵時間　40分

映画第1作で、ハリー、ロン、ハーマイオニーは悪魔の罠の危険な蔓（つる）でしめ殺されそうになるが、3人は力を合わせてのがれた。親友とチームを組んでこのおいしいおやつを作ってみよう。恐ろしい雰囲気を出すのは、苦しんでばたばたさせている手だ。

V　VG

生地

サツマイモ（角切り）……200g
ローズマリー（きざむ）……大さじ1
強力粉……345g
全粒粉……220g
ドライイースト……小さじ2
ブラウンシュガー（色の濃いもの）……大さじ2
ニンニク（つぶす）……1片
塩……小さじ1
オリーブオイル……大さじ3
ヴィーガン用スパイシーバーベキューソース……大さじ3
乳製品不使用ミルク（温める）……250ml

仕上げ

サツマイモ……大1/2本
海塩……小さじ1
ブラウンシュガー（色の濃いもの）……小さじ2
マスタード……そえる分

特別な道具

手形のクッキーカッター（小）

1　鍋で湯を沸かし、サツマイモを入れてやわらかくなるまで10分ゆでる。よく水気を切り、つぶして、大きなボウルに入れる。ローズマリー、粉2種、イースト、砂糖、ニンニク、塩、オイル、ソース、ミルク（大さじ2を残す）を加えてまぜる。ぼそぼそするようなら少しミルクを足そう。粉をふった台に乗せて10分ほどこね、なめらかで弾力のある生地にする。うすくオイルをぬったボウルに移し、ラップをかけ、2倍にふくらむまで暖かい場所で1時間半ほど寝かせる。

2　天板にクッキングシートをしく。生地をたたいて空気をぬき、粉をふった台に乗せ、8等分する。ふたつを手のひらでころがして76cmに伸ばす。この2本をロープのようにねじり合わせたら、くねくねと曲げて天板におく。もう1組作り、なるべく重ならないように曲げながら上に乗せる。

3　残りの4つも同様にして2組作り、同様にくねらせながら上に重ね、先端をヘビの頭に見えるように少し曲げる。オイルをぬったラップをふんわりとかけ、少しふくらむまで暖かい場所で15分寝かせる。オーブンを200℃に予熱する。サツマイモをうすく4枚切って、手形のクッキーカッターで切りぬく。カッターがなければ自分で手の形に切ろう。

4　生地を15分焼く。ボウルに熱湯小さじ2を入れ、塩と砂糖を加えてまぜ、焼けたプレッツェルの表面にぬる。サツマイモの手をすきまに刺し、オーブンに戻して黄金色になるまで10～15分焼く。焼けたらワイヤーラックに移して冷ます。

魔法界こぼれ話

悪魔の罠を倒すために、ハーマイオニーは強力な光を生む呪文を唱えた――ルーモス・ソレム（太陽の光よ）。悪魔の罠は太陽光が大嫌いなのだ！　ハリーがいったとおり、「ハーマイオニーが薬草学を勉強してくれたおかげ」で助かった。

知ってた？

プレッツェルは少なくとも12世紀には誕生していた。プレッツェルが出てくる最古の文献は、ドイツ南部とフランス東部のアルザスで書かれたものだ。

知ってた？

フォカッチャは古代ローマから続く平たいパンだ。

クィディッチ競技場フォカッチャ

12人分　1時間〜1時間半＋発酵時間　30分

魔法界で誰もがわくわくするスポーツはひとつしかない。そう、箒(ほうき)に乗って戦うクィディッチだ。とにかく、スピード感たっぷりで、激(はげ)しくて、めちゃくちゃ楽しい（ブラッジャーをかわせれば）。さあ、自分流のクィディッチ競技場フォカッチャを作ろう。ゴールポスト6つ、ブラッジャー2個、クアッフル1個、そしてなにより重要なゴールデン・スニッチを添えれば完成だ。

V

1　生地を作る。ボウルに強力粉、イースト、塩、オイル大さじ3を入れ、湯300mlを足し、ヘラでよくまぜる。ぼそぼそしたら少し水を足そう。粉をふった台におき、なめらかで弾力が出るまで10分ほどこねる。オイルをぬったボウルに入れ、2倍にふくらむまで暖かい場所に1時間おく。

2　オーブンを190℃に予熱し、天板2枚にクッキングシートをしく。生地をたたいて空気をぬく。軽く粉をつけた手で生地を少しつまみとり、台の上で厚さ0.5cmに伸ばす。天板に乗せ、6cmのクッキーカッターで6枚くりぬく。

3　ぬいた円の中央に4cmのクッキーカッターを押しつけて小さな円をくりぬき、輪を作る。この輪に竹串を刺して、棒つきキャンディの形にする。表面が乾くまで10分焼き、天板の上で冷ます。

4　残りの生地を、粉をふった台に乗せ、38×28cmの楕円(だえん)形に伸ばす。形がくずれないようもう1枚の天板に移す。オイルをぬったラップをふんわりとかぶせ、ふくらむまで暖かい場所で30分寝かせる。

5　残りのオイル、ニンニク、ローズマリーまたはオレガノ、塩、コショウをまぜる。粉をつけた指先で生地の表面を押してへこませ、表面全体にオイルをぬる。うすく色づくまで20分焼き、冷ます。

生地

強力粉……500g
ドライイースト……小さじ1と1/2
塩……小さじ1と1/2
オリーブオイル……大さじ6
ニンニク（つぶす）……2片
ローズマリーまたはオレガノ（みじん切り）……小さじ2

仕上げ

クリームチーズ……340g
パセリ（みじん切り）……40g
食品用液体着色料（金色）
ブラックオリーブ……2個
チェリートマト……1個
チェダーチーズの小さなボール……スニッチ作りのヒント（42ページ）参照
塩、コショウ……好みで

特別な道具

6cmと4cmのクッキーカッター
18cmの竹串……2本
15cmの竹串……4本
紙またはビニールのしぼり出し袋（小）

VG

ヴィーガン向けを作る場合は、クリームチーズとチェダーチーズはヴィーガン用を使おう。

6　焼けたフォカッチャをボードに乗せる。クリームチーズ2/3を表面のすみずみまでぬる。残ったチーズをしぼり出し袋に入れ、袋の先を切る。フォカッチャの周囲の縁に線を引き、両サイドにゴールエリアの曲線を描く。中央にパセリをしきつめ、平らになるようしっかり押しつけよう。その上から、チーズでセンターラインと中央の楕円を書く。

7　パンの輪に金色の着色料をぬり、フォカッチャの両端に3本ずつ、背の高い輪を真ん中にして刺す。競技場に、ブラックオリーブの「ブラッジャー」、チェリートマトの「クアッフル」、「ゴールデン・スニッチ」（下記ヒント参照）を飾る。

スニッチ作りのヒント

ゴールデン・スニッチは細かくおろしたチェダーチーズで作る。小さなボール状にかため、金色の着色料の上でころがす。116ページのテンプレートを使い、白い厚紙を使って羽を2枚切り、指でしごいて少し曲げる。包丁の先でボールに穴をあけ、羽を差しこもう。

このフォカッチャなら、食べ物で遊んでも許してもらえる！

魔法界こぼれ話

多くのスポーツ同様、クィディッチも相手より多く点を獲得したチームが勝つ。ゴールすると10点、ゴールデン・スニッチを捕まえたら150点。スニッチを追えるのはハリーのようなシーカーだけで、捕まえたらそこで試合は終了だ。

ハロウミ吼(ほ)えメール

8個分　1時間　30分

魔法界で唯一(ゆいいつ)受けとりたくないものがあるとしたら、それは吼えメールだ。この魔法の手紙は封筒に入っていて、フクロウが届け、送り主の声で読みあげられる——大声で。ただし、このホウレンソウの手紙は喜んで受け取ってくれるはずだ。きっと聞かれる。もうひとつ、ないの？

V

フィリング

オリーブオイル……大さじ2
赤タマネギ（みじん切り）……1個
セロリ（きざむ）……1本
ニンニク（つぶす）……2片
新鮮なホウレンソウ（きざむ）……150g
ハロウミチーズ（おろす）……200g
ミント（きざむ）……大さじ2
ディル（きざむ）……大さじ2
パン粉……大さじ4
塩、コショウ……好みで

生地

パートフィロ（うすいパイ生地）……8枚程度
オリーブオイル……大さじ3
ナス……小1/2個
食品着色料（黒）……数滴
卵黄……小1個

特別な道具

毛の細いハケ

1　フィリングを作る。フライパンでオイルを熱し、タマネギとセロリをやわらかくなるまで3分炒める。ニンニクを加えて1分炒めたら、ホウレンソウを入れ、しんなりするまでさらに1～2分炒める。ボウルに取りだし、チーズ、ミント、ディル、パン粉、塩とコショウを少々加える。

2　オーブンを180℃に予熱し、天板にクッキングシートをしく。1枚のフィロにオイルをうすくぬってもう1枚を重ね、25×15cmの長方形を8枚作って縦長に並べる。

3　フィリングを8等分し、スプーンで生地の上側に乗せ、端(はし)を2cmあけて上半分に広げる。

4　上半分の3辺を、フィリングを囲むように少しつまみあげ、横幅を約11.5cmにする。フィロの手前側を折りあげてかぶせ、長方形に整える。

5　天板に4を並べ、表面にオイルをぬる。

6　116ページにある封筒のふたと唇のテンプレートを紙に写して型紙を作る。残っている生地を4層に重ね、ふたの型紙を乗せて8枚切りとる。封筒の上部にかぶせ、上辺を裏に折りこむ。ふたにもオイルをぬり、10分焼く。

フィリングはどの手紙も同じようにおいしくなるよう、しっかりかきまぜよう！

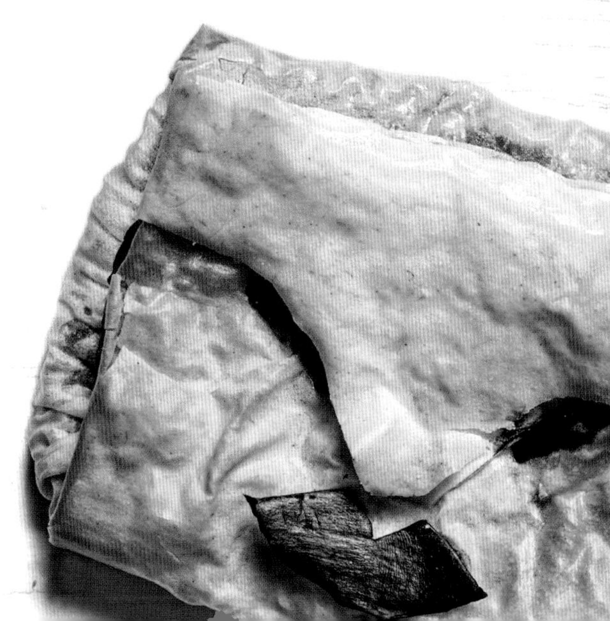

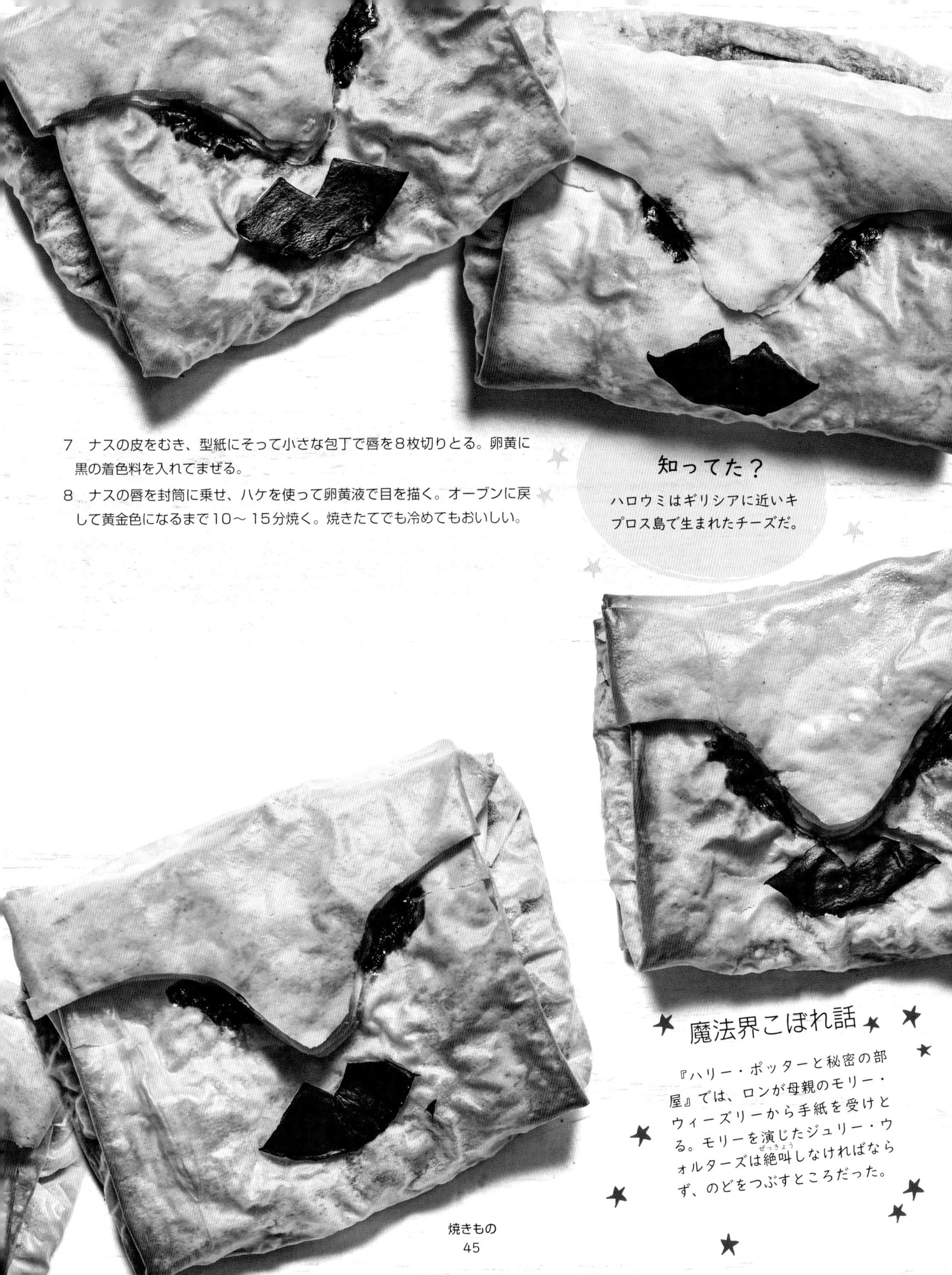

7　ナスの皮をむき、型紙にそって小さな包丁で唇を８枚切りとる。卵黄に黒の着色料を入れてまぜる。

8　ナスの唇を封筒に乗せ、ハケを使って卵黄液で目を描く。オーブンに戻して黄金色になるまで10～15分焼く。焼きたてでも冷めてもおいしい。

知ってた？

ハロウミはギリシアに近いキプロス島で生まれたチーズだ。

魔法界こぼれ話

『ハリー・ポッターと秘密の部屋』では、ロンが母親のモリー・ウィーズリーから手紙を受けとる。モリーを演じたジュリー・ウォルターズは絶叫（ぜっきょう）しなければならず、のどをつぶすところだった。

暴れ柳チーズストロー

6人分　20分　45分

ホグワーツの敷地内には叫びの屋敷につながる秘密のトンネルがある。その入り口に生えているのが暴れ柳だ。美しいが乱暴で、じゃまされることを嫌う。ハリー、ロン、ハーマイオニーがなんどか出くわしている。映画版には会いたくないが、ここで作るのは曲がったパンとパセリの葉でできた柳。チーズがこうばしい、ねじりんぼうのごちそうだ。

V

- パイ生地（折りこみタイプ）……350g
- 卵（かきまぜる）……大1個、つや出し用
- パルメザンチーズ（細かくおろす）……40g＋飾り用
- イタリアンパセリ……たっぷり

1　オーブンを200℃に予熱し、天板にクッキングシートをしく。粉をふった台の上にパイ生地をおき、30×30cmに伸ばす。半分に切り、片方に卵液をぬる。チーズの半量を乗せたらもう半分の生地を重ねる。

2　生地を43×23cmに伸ばし、縦長に8等分する。4本に卵液をぬり、残りのチーズをふる。それぞれに残りの4本を重ねてめん棒で軽く押す。2本ずつ、くるくると巻きつけたら天板に乗せる。

3　2組の根元を合わせてねじったら、1本ずつ、木の幹（みき）のようにゆるくカーブさせて重ね、中央部をあける。てっぺんは縦に切れめを入れ、暴れ柳の枝らしく広げよう。

4　卵液をぬって20分焼いたら、さらに卵液をぬり、パルメザンをちらす。

5　オーブンに戻して生地がパリッと黄金色になるまで20～25分焼く。焼き色が濃くなりそうだったらホイルをかぶせること。ボードに移し、柳の葉になるパセリを枝の先にちらし、根元にはたっぷり飾ろう。

魔法界こぼれ話

『ハリー・ポッターと秘密の部屋』では、ハリーとロンが乗ったアーサー・ウィーズリーの空飛ぶフォード・アングリアが暴れ柳に衝突（しょうとつ）する。機械じかけの枝に叩かれるこのシーンを撮影するさい、俳優ダニエル・ラドクリフとルパート・グリントは本物の車に乗ってゆさぶられた。もちろん、スタントのチームが協力あってこそ、だ——家でやってはいけない！

スペシャルヒント

焼きたてがおいしい。できれば温かいうちに食べよう。ただ、柳のパイ生地をシートに乗せたまま冷蔵庫で保存し、食べるときに焼いてもいい。

スペシャルヒント

いちど卵に乗せたブルーベリーは動かさないようにすること。青い色がついてしまう。ブルーベリーの位置を工夫して、かなり用心深そうな闇検知器に仕上げてもいい。ブルーベリーをどこに置いたらいいか、まずは試しにひとつ作ってみよう。

知ってた？

スコーンはスコットランドで人気が広まった焼き料理だ。初めて「スコーン」という名前が使われたのは、なんと1513年にさかのぼる！

闇検知器(やみけんちき)スコーン

 12個分　 40分　20分

アラスター・マッド・アイ・ムーディのような闇祓(やみはら)いが愛用する闇検知機は、良い魔法使いと悪い魔法使いを区別することができる（たいていは）。このジャガイモと卵のスコーンが闇の魔法使いを検知するという約束はできないが、びっくりするほどおいしいことは保証する。

V

1　スコーンを作る。オーブンを200℃に予熱し、天板にクッキングシートをしく。小さな鍋でジャガイモをやわらかくなるまで8～10分ほどゆでる。水気を切ったら鍋に戻し、つぶしてなめらかにする。

2　ボウルに中力粉、ベーキングパウダー、タイム、塩とコショウを少々入れてまぜ、バターを加えて指でこするようにつぶす。ジャガイモと牛乳を足してヘラでまぜ、やわらかな生地にする。ぼそぼそしていたら牛乳を少し足そう。

3　粉をふった台に生地を乗せ、厚さ1cmに伸ばす。4cmのクッキーカッターで円を切りぬく。天板に並べ、少しふくらんでほんのり色づくまで10分焼く。ワイヤーラックに移して冷ます。

4　ゆで卵の上下を切り落として高さ4cmにする。ボウルにマヨネーズと着色料を入れてまぜ、濃い灰色にしたら、スコーンの上にうすくぬり、卵を乗せる。残りのマヨネーズをしぼり出し袋に入れて先を切る。

5　ブルーベリーのまん中の部分をうすくスライスし、卵の中央に乗せる。マヨネーズをしぼり出して上下のまぶたを描いたら、ブルーベリーの端をカットした瞳を乗せる。

スコーン

ジャガイモ（皮をむいて角切り）……中1個

中力粉……155g

ベーキングパウダー……小さじ1

タイム（みじん切り）……小さじ2

無塩バター（角切り）……25g

牛乳……60ml

塩、コショウ……好みで

飾り

卵（固ゆでしてカラをむく）……6個

マヨネーズ……120g

食品着色料ペーストまたはジェル（黒）

ブルーベリー……大きめ、ひとにぎり

特別な道具

4cmのクッキーカッター

紙またはビニールのしぼり出し袋（小）

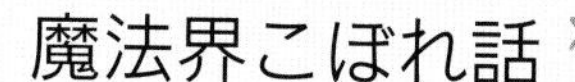

魔法界こぼれ話

闇検知器は悪い魔法使いを探すだけでなく、嘘つきや隠しごとも見つけだす。

逆転時計クラッカー

 10個分　 1時間　10分

ハーマイオニーが『ハリー・ポッターとアズカバンの囚人』で使っていた逆転時計のクラッカー版は簡単に作れるごちそうだ。ホグワーツ時計台の最終チャイム（ここではオーブンのタイマー）が鳴るまえに、かならず出発地点に戻ること（そう、キッチンはきれいに片づけよう）。

V

生地

中力粉……190g
無塩バター（固形、角切り）……85g
パルメザンチーズ（細かくおろす）……40g
卵黄……大1個

仕上げ

ヤギ乳チーズ（やわらかめ）……大さじ2
白ブドウ……大20粒
ハチミツ……大さじ1
ポテトのスナック菓子（リング型）
食用ラメ（金の星形）またはトッピングシュガー（金）
食品着色料（金）

特別な道具

8cm、7cm、5.5cmの丸型クッキーカッター
星形のぬき型（小）
紙またはビニールのしぼり出し袋（小）
口金（小）

1　オーブンを190℃に予熱し、天板にクッキングシートをしく。ボウルに中力粉とバターを入れ、指でこするようにまぜ、パン粉状にする。パルメザン、卵黄、水大さじ1を足してさらにまぜる。粉をふった台に乗せ、なめらかになるまでこねる。

2　生地を厚さ0.5cmに伸ばす。8cmのクッキーカッターで円（大）をくりぬき、天板にあいだをあけて並べる。切れ端（はし）をまとめてさらに2個作る。7cmと5.5cmのカッターを使って、円（大）から順に円（中）と円（小）をくりぬく。円（大）は半分に切り、離して並べる（すべてきれいな半円形にならなくても、半分しか使わないので大丈夫）。円（小）からカッターで星形をいくつかくりぬく。

3　円と半円の生地をあわい黄金色になるまで10分ほど焼き、天板の上で冷ます。

4　文字用のしぼり出し袋に口金をはめ、ヤギ乳のチーズをつめる。ブドウの粒を半分に切り、各クラッカーにふたつずつ乗せ、脇にチーズで点を描く。ブドウの周囲に金の星かシュガーをちらし、上からハチミツをぬる。半円の内側の先にチーズをつけ、円（中）をはさむように立てる。

5　金色の着色料をクラッカーの円（中）の周囲と立てた半円の上側にぬる。ポテトリングを半分に割って、時計のチェーンらしく並べよう。

知ってた？

ハーマイオニーの逆転時計にはこんな言葉が記されている。「私は時をきざむ。すべての時を。いまだ太陽を追いこしたことはない。私の使いみちと価値は、あなたの行動にかかっている」

スペシャルヒント

飾りつけをするまえに、乗せる台を決めておこう。いちど並べた時計やチェーンの位置を調整しやすい。

9と3/4番線ポレンタ焼き

6～8人分　30分　40分

9月1日は魔法界の大切な日。生徒たちが家からホグワーツにもどる日だ！　若い魔法使いたちはみんな、魔法界への壁をぬけ、9と3/4番線からホグワーツ・エクスプレスに乗りこむ。さあ、自分流の壁と、駅のホームにある掲示板を作ろう。

V　GF

ポレンタ焼き

ポレンタ……200g
グルテンフリー中力粉……190g
グルテンフリーベーキングパウダー……小さじ2
塩……小さじ1
ドライチリフレーク……小さじ1/2
長ネギ（みじん切り）……4本
コリアンダー（きざむ）……大さじ4
チェダーチーズ（おろす）……60g
コーン粒（缶詰または冷凍）……160g
卵（かきまぜる）……大3個
バターミルク……120ml
オリーブオイル……150ml

仕上げ

モントレージャックなどのチェダーチーズ……スライス2枚
グルテンフリー中力粉……65g
オリーブオイル……小さじ2
無添加（むてんか）食品着色料（黒）

特別な道具

24×19cmの浅めの焼き型
紙またはビニールのしぼり出し袋（小）……2枚

1　オーブンを180℃に予熱する。焼き型にオイルをぬり、クッキングシートをしく。ボウルにポレンタ、中力粉、ベーキングパウダー、塩、チリフレーク、ネギ、コリアンダー、チーズ、コーンを入れてまぜる。別のボウルで卵、バターミルク、オリーブオイルをまぜてから生地と合わせ、焼き型に流し入れて平らにする。

2　表面がかたく、あわい黄金色になるまで35～40分焼く。型に入れたまま10分おき、くずれないよう天板の上に取りだす。

3　飾りつけをする。スライスチーズを14×5cmに切って生地に乗せる（写真参照）。ボウルに中力粉、オイル、水大さじ3と1/2を入れてとろみ液を作る。かたかったら水を少し足そう。大さじ山盛り1を別の容器に移し、黒の着色料とまぜ、しぼり出し袋に入れて細い文字が書けるように先を切る。チーズの上に「9¾ Hogwarts Express」（ホグワーツ・エクスプレス9と3/4番線）と書く。

4　残りのとろみ液を別のしぼり出し袋に入れ、先を切る。ポレンタ焼きの周囲を縁（ふち）どり、レンガ模様（もよう）を描く。ふたたびオーブンに入れて3分焼く。焼きたてでも冷めてもおいしい。

魔法界こぼれ話

俳優やスタッフたちは、9と3/4番線のシーンのほとんどをロンドンの地下鉄、キングスクロス駅で撮影した。しかし、使用したホームは9～10番ではなく4～5番だった！

知ってた？

ポレンタは古代ローマ時代に人気があったらしい。発祥（はっしょう）の地はイタリアの北部と中央部だ。

スペシャルヒント

とてもおいしいパンだ。サラダ、チーズ、トマトによく合い、日ごろ使うサンドイッチ用パンの代わりにもなる。

大広間チキンパイ　作りかたは56ページをチェック！

レモン香る
ホグワーツ糖蜜（とうみつ）
タルトのレシピは
98ページへ！
ヨークシャー・
ディライツは
58ページだ！

大広間チキンパイ

5～6人分　40分＋冷やす時間　1時間半

屋敷しもべ妖精が作るホグワーツ学校の食事はいつもごちそうだ。学期初めのパーティでも、いつもの火曜日も。そんななかで生徒たち――先生も！――が大好きなのは、ほっぺたが落ちそうなチキンパイ！　さっそく作ってみよう。

フィリング

皮を取った鶏もも肉……10枚
無塩バター……55g
植物油……大さじ1
タマネギ（きざむ）……2個
ローリエ……3枚
セロリ（うすくスライス）……2本
中力粉……大さじ4
チキンスープ……600ml
タラゴンの葉……ひとつかみ
マッシュルーム（スライス）……200g
乳脂肪分の高い生クリーム……60ml
塩、コショウ……好みで

仕上げ

既製のパイ生地（ショートクラスト、練りこみタイプ）……800g
卵（かきまぜる）……大1個、つや出し用

特別な道具

約24cmの金属製パイ焼き型

ロンが驚いている。鶏もも肉を口に入れたら、幽霊のほとんど首なしニックがテーブルから飛びだしたのだ！

1　フィリングを作る。鶏肉をひと口大に切り、塩、コショウで下味をつける。鍋に油を入れ、バターを少し加えて溶かし、鶏肉をうすく色づくまで2回に分けて炒め、取りだす。タマネギ、ローリエ、セロリを入れて3分ほど炒める。

2　中力粉を加えて2分まぜたら、スープを少しずつ足していく。鶏肉を戻してタラゴンを入れ、30分煮こみ、塩、コショウで味をととのえる。

3　残りのバターをフライパンに入れ、マッシュルームを色づくまで5分炒める。生クリームとともに鍋に加え、冷めたらローリエを取りのぞく。

4　オーブンを200℃に予熱する。粉をふった台にパイ生地の半量を乗せて伸ばし、縁が少しはみ出すように焼き型にしく。フィリングを中央を高めにして乗せる。フィリングの水分が多すぎる場合は具をこしとって使い、残りはなにかに利用しよう。

5　パイの周囲を水でぬらす。残りのパイ生地をうすく伸ばし、2cm幅に切ったら、パイの上に格子状に乗せる。

6　型からはみ出した部分をカットし、縁を押さえる。卵液をぬり、濃い黄金色になるまで40分焼く。

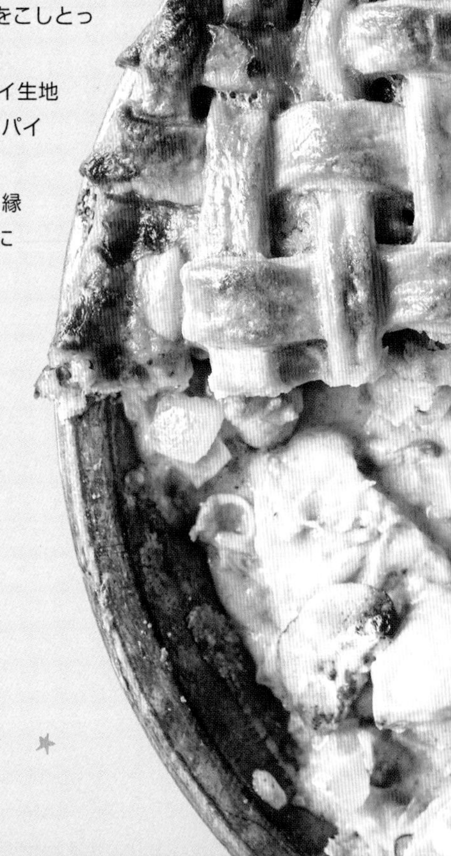

魔法界こぼれ話

ホグワーツの大広間のモデルとなったのは実在する有名な建物だ。ひとつは、オックスフォード大学内、名高いクライストチャーチ・カレッジにある16世紀創設（そうせつ）の広間。もうひとつは、イギリスの国会議事堂、ウエストミンスターホールだ。

知ってた？

ハリーが何度も訪れたイギリスのロンドンでは、パイショップでウナギパイやウナギゼリーを売っている。ほんとうだ！

ヨークシャー・ディライツ

12個分　15分　25分

ヨークシャー・ディライツ（アメリカでは「ポップオーバー」、イギリスでは「プディング」ともいう）はホグワーツの生徒に大人気。とくにハリーは目がない。おいしく作るコツは、ふくらむようにしっかり高温で焼きあげること。たくさん浮かべたキャンドルのもと、したたる肉汁は最高だ！

ミートボール

牛ひき肉（赤身）……225g
エシャロット（みじん切り）……大1個
ローズマリー（みじん切り）……小さじ1/2
塩、コショウ……好みで
軽めのオリーブオイルまたは植物油……大さじ2

衣

中力粉……125g
塩……小さじ1/2
卵（かきまぜる）……大2個
牛乳……250ml

特別な道具

12穴のマフィン焼き型（できればテフロン加工）

ヴェジタリアン向けには、肉の代わりに好きな具材を使おう。

1　オーブンを230℃に予熱する。牛ひき肉、エシャロット、ローズマリー、塩とコショウ少々をよくまぜ、12等分して丸める。

2　焼き型12個の各穴にオイル小さじ1/2をぬる。

3　焼き型をオーブンで5分加熱する。次に、ミートボールをひとつずつ焼き型の穴に入れ、5分焼く。

4　衣を作る。ボウルに中力粉と塩を入れ、中央にくぼみを作り、卵と牛乳半量を入れる。少しずつまぜ、もっちりした生地にする。残りの牛乳を泡立て、加えてまぜたら、注ぎ口のある計量カップ等に移す。

5　オーブンから焼き型を取りだし、油の温度が下がらないうちに衣を半分の高さまで流し入れる。ふくらんで黄金色になるまで12～15分焼く。温かいうちに出そう。

魔法界こぼれ話

映画制作スタッフは、出演する若い俳優たちに、大広間の4つのテーブルに自分の名前などのいたずら書きをするようすすめた。年代物に見せるためだ。

スペシャルヒント

肉入りのごちそうはこのままでランチや軽食になる。おやつ版を作りたければ、肉を使わず、焼いた衣にメープルシロップ、チョコレートソース、ハチミツ、フルーツピューレをかけよう。

知ってた？

現在、プディング（プリン）といえば甘いおやつだが、数百年前のイギリスでは甘くない肉料理をさしていた。

ドラゴン・ローストナッツ・タルト

8個分　30分＋冷やす時間・冷ます時間　25分

ウィーズリーが作るドラゴン・ローストナッツは、ダイアゴン横丁の自動販売機（『ハリー・ポッターと謎のプリンス』に登場）で買える。魔法界で人気のおやつだ——それもそのはず！　本物のドラゴン（小さいけど）が焼くので、まさに直火焼き。このタルトはわずか30分で作れるし、ドラゴンの巣ごとかぶりつける。

V

- 卵白……大さじ1
- ミックスナッツ（ホール。アーモンド、ヘーゼルナッツ、ピーカンナッツ、カシューナッツ、クルミ、ブラジルナッツなど）……140 g
- マイルドなチリパウダーとターメリック……各小さじ1/2
- クミン、コリアンダー（粉末）……各小さじ1/2
- 塩……小さじ1/2
- パイ生地（折りこみタイプ）……450g
- 卵（かきまぜる）……大1個、つや出し用
- マヨネーズ……60 g
- ギリシアヨーグルト……60 g

特別な道具

4cm、6cm、11.5cmの丸型クッキーカッター

1　オーブンを220℃に予熱し、天板にクッキングシートをしく。ボウルに卵白を入れ、ナッツを入れてからめ、うすい衣をつける。スパイスと塩を入れてかきまぜ、天板にちらし、10分焼き、冷ます。

2　粉をふった台の上でパイ生地を厚さ0.2cmに伸ばす。11.5cmのクッキーカッターで切りぬいたら、中央に6cmのカッターを乗せ、下まで押さないように切りこみを入れる。4cmのカッターを縁（ふち）にあて、周囲がツンツンとんがるように切りおとす。天板に乗せ、20分冷やす。

3　生地の周囲に卵液をぬり、ふくらんで黄金色になるまで15分焼く。『ハリー・ポッターと炎のゴブレット』第1の課題に出てくるドラゴンの巣に見えるよう、中央の円の表面を気をつけてはがす。

4　マヨネーズとヨーグルトをまぜ、スプーンでタルトの中央にぬる。ナッツを乗せ、出すまで涼しい場所で保管する。

GF

グルテンフリー食にするなら、ナッツだけでいい。生地は使わず、天板にスパイスで味つけしたナッツを乗せて10分焼く。涼しい場所で保管しよう。

スペシャルヒント

生地の切れ端がたくさんあるので、それも使おう。ボウルに、切れ端、残った卵液、グラニュー糖大さじ2、シナモン小さじ1弱を入れてまぜ、小さく丸め、シートに並べて黄金色になるまで焼く。これもおいしい。

EXPELLIARMUS
ALOHOMORA
WINGARDIUM LEVIOSA
THE MONSTER BOOK OF MONSTERS

スイーツ編

「なにかいかが？」
「全部ください！」

車内販売のおばさんと
ハリー・ポッター

スイーツは……そう、甘い！　この章では甘いもの好きになって、よだれが出そうなお菓子を作ろう！

ルーナのメラメラメガネ・クッキー

12個分　1時間＋冷やす時間　10分

『ハリー・ポッターと謎のプリンス』でルーナがかけているメガネは、カラフルで、ラックスパートを見ることができる。ラックスパートは、耳に入りこんで頭をぼーっとさせる、目に見えない魔法生物。ただ、このクッキーを食べると、口の中がぼーっとする――とびきりおいしいから。紅茶を飲んだり、雑誌（ザ・クィブラーがおすすめ）を読んだりしながら、めしあがれ。

V

クッキー

中力粉……290g
無塩バター（固形）……200g
粉糖……100g
卵黄……大2個
バニラエッセンス……小さじ2
ピンクと青のかたいキャンディ……各12個

アイシング

卵白……中1個
粉糖……190g
食品着色料（ピンク）
食用ラメパウダー（ピンク、飾り用）

1　フードプロセッサーに中力粉とバターを入れ、パン粉状になるまで撹拌したら、砂糖を足してさらにさっとまぜる。卵黄とバニラエッセンスを加え、なめらかな生地にする。ラップをかけ、1時間ほど冷蔵庫で冷やしてかためる。

2　オーブンを190℃に予熱し、天板2枚にクッキングシートをしく。117ページのテンプレートを紙に写して切りとる。粉をふった台に生地の半分をおいて厚さ3mmに伸ばし、クッキングシートに乗せる。残りの半分は冷蔵庫で冷やしておく。

3　型紙を生地の上に乗せ、小さな包丁でメガネとレンズの線をカットする。周囲の生地を気をつけてはがし、冷蔵庫で冷やす。残りの生地も同様にくり返し、全部で12個作る。

4　メガネを5分焼く。次にキャンディをレンズの部分に1色ずつ乗せ、溶けて広がるまでさらに5分ほど焼く。レンズがうまらなかったらようじで伸ばし、完全に冷ます。

5　ボウルに卵白と粉糖を入れる。泡だて器でまぜ、ピンクの着色料を数滴入れ、スプーンの底につく程度のねばり具合にする。かたすぎたら水を少し足してかきまぜよう。細いハケでフレームをぬり、数時間からひと晩おく。食用ラメをふりかけて出そう。

「あんたはあたしとおんなじくらい正気だよ」
――ルーナ・ラブグッド、『ハリー・ポッターと不死鳥の騎士団』

スペシャルヒント

4cmの丸型クッキーカッターがあればレンズの部分を簡単にくりぬける。

グリフィンドールの剣クッキー

12～14個分　1時間半＋組み立て時間　20分

ゴドリック・グリフィンドールの魔法の剣をモデルにおいしいクッキーを作って、心の中のヒーローとつながろう。ハリーが恐ろしいバジリスクを退治し、ロンがスリザリンのロケットを破壊した剣だ。この古い剣は魔法界でもきわめて強い力を持ち、いざというときにかならず現れてくれる（めちゃくちゃお腹がすいたときにも出てきてほしい）。

V

クッキー

無塩バター（とろとろにする）……110g
粉糖……65g
アーモンドエキス……小さじ1
中力粉……125g
アーモンドパウダー……大さじ3

飾り

卵白……大1個
粉糖……155g
無添加食品着色料（黒）……少々
チェリーの砂糖煮……約10個
デコレーションペン（灰色または黒）……1本

1　オーブンを160℃に予熱し、天板2枚にクッキングシートしく。115ページの剣のテンプレートを写して切りとる。
2　バターと砂糖を合わせ、白くクリーミーになるまでかきまぜる。アーモンドエキス、中力粉、アーモンドパウダーを加え、まぜてなめらかにしたら、口金をつけたしぼり出し袋につめる。
3　剣の型紙をクッキングシートの下に入れ、上から生地をしぼり出す。柄の先から始め、長い刃を描き、刃先をとがらせる。型紙をずらして12～14個作ろう。
4　うっすら小麦色になるまで20分焼く。天板に乗せたまま5分おき、ワイヤーラックに移して完全に冷ます。
5　アイシングを作る。卵白と粉糖をまぜ、スプーンの裏につく程度にしたら、黒の着色料を少々加えて灰色にする。たれてもいいようにラックの下にクッキングシートをしき、ハケを使ってうすくぬろう。
6　アイシングがかたまらないうちに、カットしたチェリーを柄に飾り、1時間おく。
7　仕上げにデコレーションペンで柄の模様と刃先までの直線を描く。

特別な道具

しぼり出し袋（大）
1cmの丸型口金

魔法界こぼれ話

グリフィンドールの剣をデザインするさい、映画の小道具チームは中世の実物の剣からヒントを得た。柄にうまっている大きなルビーはグリフィンドール寮を象徴する宝石だ。

スペシャル ヒント

アイシングはうすくつるつるに。液がぼってりしていたら、ほんの少し水を足してみよう。

知ってた？
ジンジャーブレッドが誕生した
のは、なんとも古く、西暦992年！
一般には、アルメニアの修道僧ニコ
ポリスのグレゴリウスがイギリス
にもたらしたと考えられて
いる。

ホグワーツ・ジンジャーブレッド城

28人分　4時間＋冷やす時間　約30分

1000年以上まえ、気高い4人の魔法使いによって創設されたホグワーツ魔法魔術学校は世界一の魔法学校だ。さあ、自分流の学校を作ってみよう。移動する「142の階段」や幽霊の「ほとんど首なしニック」がなくても、壮大な大広間を作れる。見ためどおり、どこを食べても最高だ。

ジンジャーブレッドの生地（下記参照）……3ブロック
フォンダン（灰色）……675g
粉糖とココアパウダー……ふりかける分
ミルクチョコレート（きざむ）……225g
フォンダン（茶色）……200g
フォンダン（緑、できれば濃淡2色）……200g
アイスクリームコーン……6個
食用スプレー（黒）……好みで

ジンジャーブレッド

中力粉……345 g
塩……ひとつまみ
ジンジャー（ショウガ）（おろす）……小さじ2
シナモン（粉末）……小さじ2
無塩バター（固形）……125g
ブラウンシュガー（色がうすめのもの）……220g
コーンシロップ……大さじ4
卵……大1個
卵黄……大1個

1　ジンジャーブレッドの生地を3つ作る。フードプロセッサーに中力粉、塩、スパイス類、バターを入れ、パン粉状になるまで撹拌する。砂糖を加えてさっとまぜ、コーンシロップ、卵、卵黄を足してさらにまぜ、なめらかでしっかりした生地にする。

2　粉をふった台に乗せ、厚さ2.5cmのかたまりにしてラップをかける。これを3個作り、2時間～ひと晩、冷蔵庫で冷やす。

3　120～121ページのテンプレートを写して型紙を作り、建物名と作る数を書いておく。厚紙の筒を長さ20cm（1個）、6cm（1個）、13cm（4個）に切る。アルミホイルでカバーし、端を中に折りこんだら、気をつけて縦半分にカットする。

4　オーブンを180℃に予熱し、天板を数枚用意する。粉をふった台の上で生地を厚さ3mmに伸ばし、タワー以外、型紙を乗せて小さな包丁で切りとる。大広間の窓は包丁で切りぬこう。

5　タワーは残りの生地を伸ばし、各筒より少し短めに、幅約7cmの長方形をカットする。スプーンの柄を押しつけて窓の穴をあけ、筒にかぶせる。次にタワーの土台をカットする。すべての生地をあいだをあけて天板に並べる。

このレシピにはいくつもの道具が必要だ。

特別な道具

35.5cmの丸形ケーキボード
電池式キャンドル……小6～8個
直径5cmの厚紙の筒（キッチンペーパーやラップの芯など）……6本
紙またはビニールのしぼり出し袋（小）

スペシャルヒント

ジンジャーブレッドの生地はしっかり冷やしてから伸ばそう。切りやすくなり、形もくずれない。作業中に生地がやわらかくなったら、もういちど冷やしてかためよう。

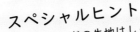

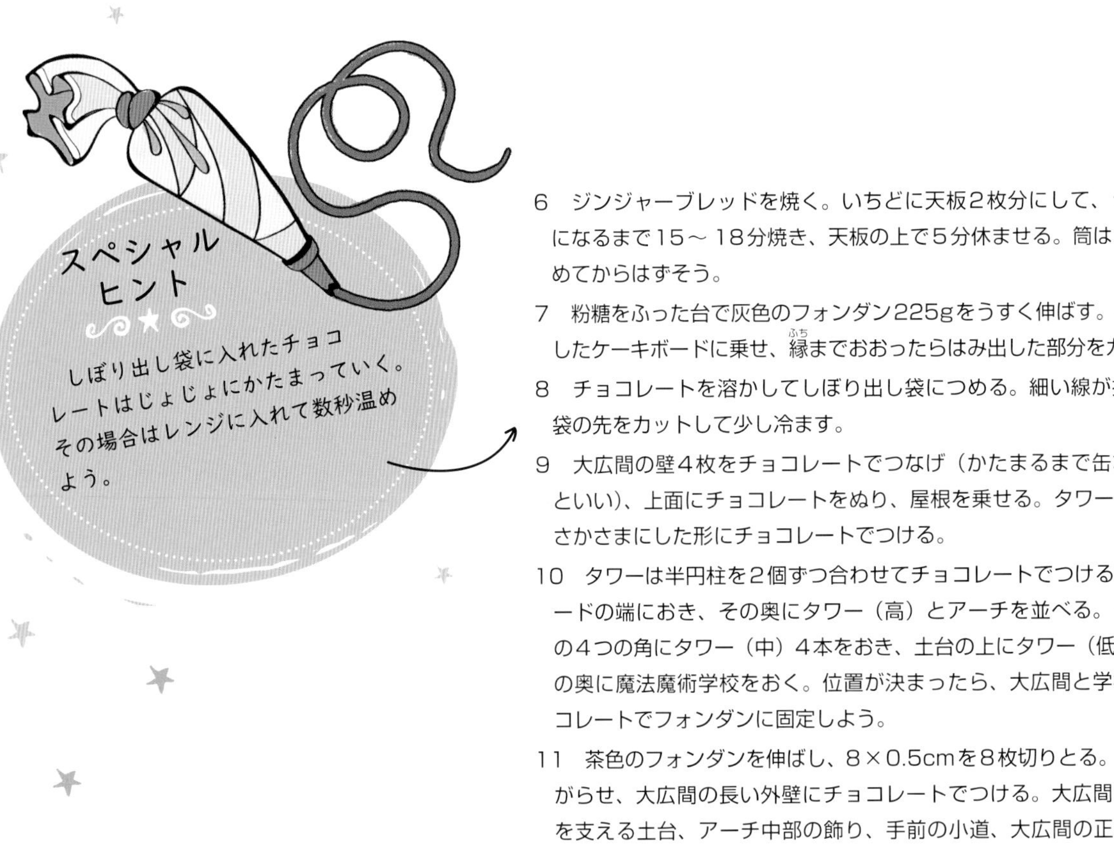

スペシャルヒント
しぼり出し袋に入れたチョコレートはじょじょにかたまっていく。その場合はレンジに入れて数秒温めよう。

6　ジンジャーブレッドを焼く。いちどに天板2枚分にして、うすい黄金色になるまで15～18分焼き、天板の上で5分休ませる。筒はブレッドが冷めてからはずそう。

7　粉糖をふった台で灰色のフォンダン225gをうすく伸ばす。軽く水でぬらしたケーキボードに乗せ、縁までおおったらはみ出した部分をカットする。

8　チョコレートを溶かしてしぼり出し袋につめる。細い線が描けるように袋の先をカットして少し冷ます。

9　大広間の壁4枚をチョコレートでつなげ（かたまるまで缶などで支えるといい）、上面にチョコレートをぬり、屋根を乗せる。タワーの土台は箱をさかさまにした形にチョコレートでつける。

10　タワーは半円柱を2個ずつ合わせてチョコレートでつける。大広間をボードの端におき、その奥にタワー（高）とアーチを並べる。タワーの土台の4つの角にタワー（中）4本をおき、土台の上にタワー（低）を乗せ、その奥に魔法魔術学校をおく。位置が決まったら、大広間と学校以外はチョコレートでフォンダンに固定しよう。

11　茶色のフォンダンを伸ばし、8×0.5cmを8枚切りとる。片方の先をとがらせ、大広間の長い外壁にチョコレートでつける。大広間の屋根の小塔を支える土台、アーチ中部の飾り、手前の小道、大広間の正面を作り、チョコレートで固定する。

魔法界こぼれ話

ホグワーツ城のモデルとなったのは、イギリスでもっとも有名なふたつの大学。オックスフォートとケンブリッジだ。

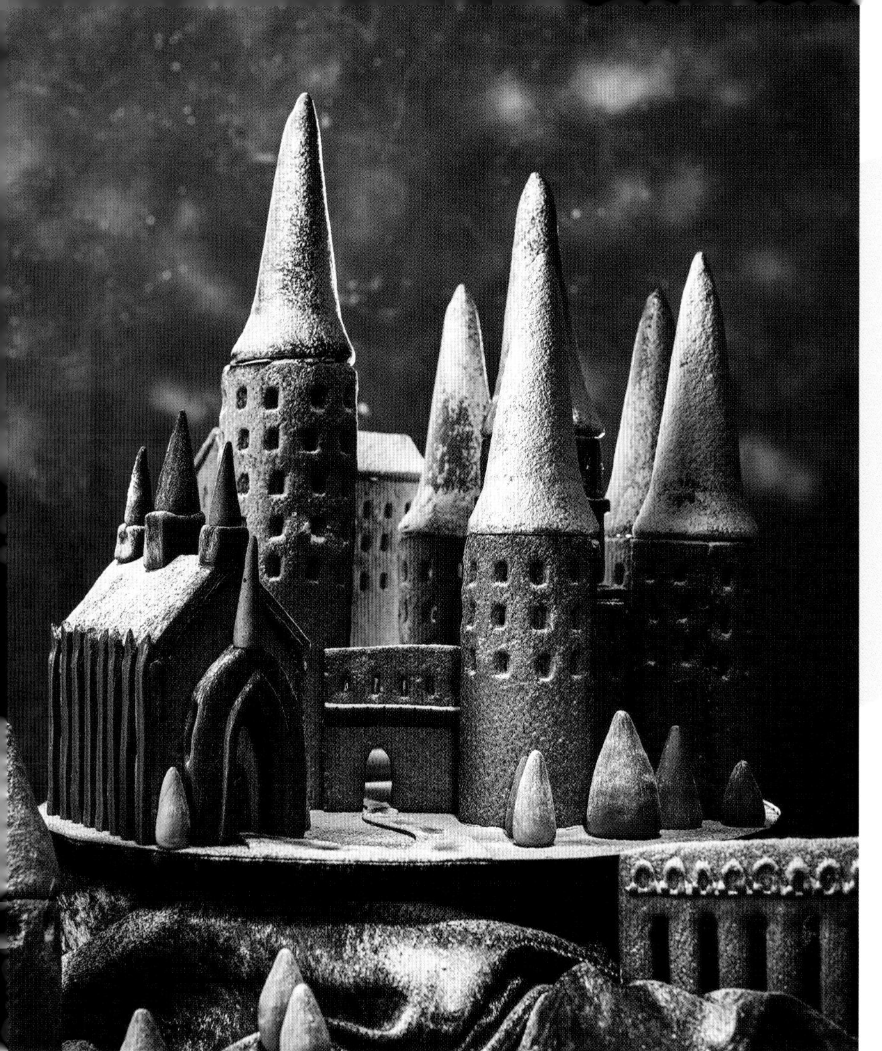

クリスマス用 ホグワーツ

あまった生地でホグワーツ城の橋、小さなタワー、木も作ってみよう。城のてっぺんに粉糖をふりかければ雪に見える。

12　灰色のフォンダンを伸ばして少し水をぬり、アイスクリームコーンにぴったりはりつける。はみ出した部分をカットしてタワーに乗せる。残ったフォンダンで大広間の小塔を作る。キャンドルを入れないタワーはチョコレートで固定し、好みでタワーに黒いスプレーを軽くふきつける。

13　緑色のフォンダンで小さな木を作り、ボードの周囲に飾る。傾斜屋根にココアパウダーをふる。大広間と学校をこわさないように持ちあげ、中にキャンドルを入れる。タワーの中やアーチの後ろにもキャンドルをおこう。

演出

城をいかにも豪華に見せたいなら、布か紙をしいて乗せよう。大きめの深い器をさかさまにするか、本や雑誌を積んで台にすればいい。その上にボードをおき、布かしわをつけた紙をかぶせる。城を乗せたらボードの周囲を黒いリボンで飾ろう。

「たんじょびィおめでとハリー」ケーキ

 12人分　 1時間15分＋冷ます時間　25分

大切な人の大切な日を、「たんじょびィおめでとハリー」ケーキで特別に演出しよう。ハグリッドがハリーの11歳の誕生日に贈(おく)ったケーキにそっくりだ（できればつぶさないでほしい）。魔法使いを目指している人には最高のプレゼントになる。でも、届けるときにドアをこわさないように！

V　VG

ケーキ

乳製品不使用バター（型にぬる分）
中力粉……375g
グラニュー糖……300g
ココアパウダー……大さじ6
重曹(じゅうそう)……小さじ2
白ワインビネガー……大さじ1
バニラエッセンス……大さじ1
乳製品不使用ミルク……250ml
ヴィーガン用チョコレート……100g

飾り

ビーツ……数個
ココナツバター（固形、きざむ）……100g
乳製品不使用ミルク……120ml
バニラエッセンス……小さじ2
粉糖……550g
ココアパウダー……大さじ1
ヴィーガン用食品着色料（緑）

特別な道具

紙またはビニールのしぼり出し袋（小）
20cmのサンドイッチケーキ型（底がはずせるタイプ）……2個

1　オーブンを190℃に予熱する。ケーキ型2個の内側にバターをぬり、底にクッキングシートをしく。大きめのボウルに中力粉、砂糖、ココアパウダー、重曹、ビネガー、バニラ、ミルクを入れ、クリーミーなうす茶色の生地を作る。溶かしたチョコレートを加えてまぜたら、ケーキ型に分け入れ、表面を平らにする。

2　表面がかたまる程度に25分焼く。底をはずし、ラックに移して冷ます。

3　ボウルにビーツをおろす。分厚いキッチンペーパーに移して4角をつまみ、ぎゅっとしぼる。

4　小さな鍋にココナツバターとミルクを入れ、バターが溶けるまでゆっくり温める。大きなボウルに移し、バニラと砂糖を加える。よくまぜて、濃厚でなめらかなアイシングにする。かたすぎたらほんの少しミルクを、やわらかすぎたら粉糖を足そう。

5　アイシングの1/3を別のボウルに移し、ココアパウダーを加えてまぜる。これをケーキ2枚のあいだにはさむ。アイシング大さじ2を小さなボウルにとり、緑色の着色料を少々加え、しぼり出し袋につめる。

6　残ったアイシングにビーツの汁を小さじ1入れ、さらに少しずつ足して濃いピンク色にする。これをケーキ全体にぬり、ヘラを使って表面をつるつるにしよう。

7　文字が書けるよう、しぼり出し袋の先を少し切り、ケーキ上部に「HAPPEE BIRTHDAE HARRy」（たんじょびィおめでとハリー）と書く。出すまで涼しい場所で保管する。

スペシャルヒント

このケーキは前日に作っておける。「HARRy」（ハリー）の部分は贈る相手の名前にしよう。

ハグリッドみたいに、ケーキの上に座ってはいけない！

スペシャルヒント

緑色を出す無添加材料として抹茶を使ってもいい。

禁じられた森ケーキ

12人分　2時間＋冷ます時間　25分

ホグワーツの禁じられた森。生徒は立入禁止だ。なぜって、８本足のアクロマンチュラ（巨大クモ）のアラゴグとその子どもたちの住みかだから。アラゴグはハグリッドのペットで、このチョコレートケーキに乗っている。ちょっと恐ろしいが、とにかくおいしい。クモが大の苦手のロンだっておかわりするはずだ。

GF　V

1　スポンジケーキを作る。オーブンを180℃に予熱する。ケーキ型の内側にバターをぬり、クッキングシートをしく。大きなボウルにバターと砂糖を入れ、白っぽくなめらかになるまでまぜる。少しずつ卵をまぜ入れ、分離（ぶんり）しはじめたら中力粉を少し足す。

2　バニラを入れてまぜ、ふるった中力粉、ベーキングパウダー、ココアパウダーを加える。しっかりかきまぜてから、少しずつミルクを足してまぜよう。

3　生地をケーキ型3個に入れて平らにし、表面が乾くまで25分焼く。ワイヤーラックに移して冷ます。

4　アイシングを作る。鍋にクリームを入れ、沸騰（ふっとう）させないよう周囲に泡が出てくるまで温める。ミルクチョコレートチップを加え、つねにかきまぜながら溶かしてなめらかにする。冷めたら冷蔵庫に入れ、かたまらない程度に2時間以上冷やす。

5　1枚のケーキからまん中を切りとる。14cmの皿かボウルを乗せ、周囲を包丁で切るとやりやすい。包丁は垂直に立てて動かそう。

6　もう1枚のケーキを、ケーキの幅より10cm以上大きなボードか皿におき、表面にうすくアイシングして、穴をあけたケーキを乗せる。昆虫ゼリーを穴の中に入れ、表面を平らにする。穴の周りのスポンジ表面にアイシングして、もう1枚のケーキをかぶせる。

7　くりぬいた円形のスポンジをほぐしてボウルに入れ、アイシングを大さじ4ほど加えてまとめておく。残りのアイシングをケーキの周囲とボードにぬり、ヘラできれいに伸ばす。

8　マシュマロを小さな鍋に入れ、ときどきかきまぜながらゆっくり温めて溶かす。さわれるまで数分冷ましたら、少し指でつまみとり、糸状に伸ばす。これをケーキの片側半分に、クモの巣に見えるように何本かつける。

スポンジケーキ

無塩バター（やわらかくする）……275g＋型にぬる分

ブラウンシュガー（色がうすめのもの）……300g

卵（かきまぜる）……大５個

グルテンフリー中力粉……250g

バニラエッセンス……大さじ1

グルテンフリーベーキングパウダー……小さじ2

ココアパウダー……30g

牛乳……大さじ4

チョコレートアイシング

ミルクチョコレートチップ……300g

乳脂肪分の高い生クリーム……300ml

仕上げ

昆虫の形をしたお菓子（ゼリーのナメクジ、虫、ヘビなど）……250g

グルテンフリーのマシュマロ（白）……60g

リコリス（または、細長くてやわらかい棒状の飴（あめ）、黒）……1本

ダークチョコレートチップ……40g

特別な道具

紙かビニールのしぼり出し袋（小）

18cmのサンドイッチケーキ型……3個

スペシャルヒント

チョコレートを溶かすには、ぬるま湯（50℃程度）をためた小さな鍋の上に、チョコを入れた耐熱ボウルを乗せて湯せんする。または、電子レンジ（500～600W）で少しずつ加熱しながらかきまぜてもいい。

9　クモを作る。7のスポンジを使い、体用にクルミ大、頭用にそれより少し小さな団子を作ってクモの巣の上に乗せる。リコリスを9cmにカットして、脚を8本用意する。長さが1：2になるよう折り曲げ、体の横に並べる。

10　残ったスポンジで木の根をたくさん作る。片方の先を細くし、太いほうをケーキにつけて、ボードにはわせよう。

11　ダークチョコレートチップを溶かし、しぼり出し袋に入れる。細い線が描けるように先を少し切ったら、クモに目を入れ、木の根のすじを描く。

演出

クモの巣を書くのにマシュマロはもってこいだ！　巣を書き終えるまえにかたくなってしまったらふたたび加熱しよう——焼けないようにゆっくりと。使った鍋は冷水につけておくと簡単に洗える。

禁じられた森には、アラゴグ一家だけでなく、セストラル、ユニコーン、ケンタウルス（写真）も住んでいる。

魔法界こぼれ話

アクロマンチュラは成長するとゾウほどの大きさになる。『ハリー・ポッターと秘密の部屋』では、ハリーとロンが初めてアラゴグに会ったときもその大きさにおののいた。映画の魔法生物担当部門は、視覚効果を使わず、アラゴグの等身大の模型を作り、アクアトロニクス（流水動力）という技術を使って動きを本物らしく見せている。

ハニーデュークスのドーナツ

16個分　1時間＋発酵・冷ます時間　12分

魔法界で訪れてみたい場所はたくさんあるが、いちばんはなんといってもホグズミードにあるハニーデュークスのスイーツショップだ。蛙(カエル)チョコレートからバーティボッツの百味ビーンズまで、想像できるお菓子がなんでもそろっている。まさに夢の世界。さあ、キャンディに囲まれた夢のようなドーナツを作ってみよう（耳クソ味はないのでご安心を！）。

V

ドーナツ

強力粉……500g
無塩バター（固形、角切り）……55g
ドライイースト……小さじ2
塩……小さじ1
グラニュー糖……70g
バニラエッセンス……小さじ2
牛乳（温める）……250ml＋大さじ1

仕上げ

ストロベリーまたはラズベリーのジャム……110g
粉糖……大さじ4
シナモン（粉末）……小さじ1/2
グラニュー糖……135g
キャンディ・お菓子各種（ジェリービーンズ、すっぱいペロペロ酸飴、蛙チョコレート、シャーベットレモン等）
トッピングシュガー（ピンク）
星形（金・銀）などの食用ラメかトッピング

特別な道具

紙またはビニールのしぼり出し袋
0.5cmの丸型口金

1　ドーナツを作る。ボウルに強力粉とバターを入れ、指でこするようにまぜる。イースト、塩、砂糖、バニラ、牛乳を加え、ねばつかないやわらかな生地にする。ぼそぼそするようなら牛乳を少し足そう。

2　粉をふった台に乗せ、なめらかで弾力が出るまで10分こねる。オイルをぬったボウルに移し、ラップをかけ、2倍にふくらむまで暖かい場所で1時間半ほど寝かせる。

3　生地をたたいて空気をぬき、粉をふった台に乗せ、16等分して丸める。クッキングシートをしいた天板2枚にあいだをあけて並べ、うすくオイルをぬったラップをかけ、2倍にふくらむまで1時間15分ほど暖かい場所で寝かせる。オーブンを190℃に予熱する。

4　ふっくらして小麦色になるまで12分焼く。焼いているあいだに、しぼり出し袋に口金をつけ、ジャムをつめる。ボウルに粉糖と水大さじ2を入れてまぜ、アイシングを作る。別の皿にシナモンとグラニュー糖をまぜておく。

5　ドーナツに小さな穴をあけ、ジャムをつめる。アイシングをぬったらシナモンシュガーの上でころがし、皿かケーキスタンドに積みあげる。

6　キャンディ類をドーナツの下やすきまにつめ、仕上げにピンクのシュガーと星のラメをふりかけよう。

魔法界こぼれ話

ダンブルドア教授にとって、バーティボッツの百味ビーンズはいやな思い出ばかりだ。幼いころはゲロ味を食べたし、映画第1作では、トフィ味だと思って選んだビーンズが耳クソ味だった！

スペシャル
ヒント
このドーナツは前日に焼い
てトッピングまで済ませて
おくことができる。密封容器
に入れて保存し、出す数時
間前に積みあげよう。

大鍋ブラウニー

6個分　1時間～1時間半＋冷ます時間　20分

魔法界では、フェリックス・フェリシスからポリジュース薬まで、魔法薬はすべて大鍋で煎じる。大鍋はホグワーツ1年生の必需品だ。ぜいたくなおいしい大鍋ブラウニーを、友だちのために作ってみよう！

V　VG

ブラウニー

植物油……大さじ5＋型にぬる分

プレインまたはヴィーガン用ミルクチョコレート（くだく）……200g

中力粉……155g

ココアパウダー……大さじ3

ブラウンシュガー（色のうすいもの）……170g

ピーカンナッツまたはクルミ（みじん切り）……100g

乳製品不使用ミルク……250ml

ヴィーガン用チョコレートクリーム……200g

飾り

乳製品不使用バター……50g

粉糖……125g

無添加食品着色料（緑、紫）

フォンダン（茶色）……50g

グラニュー糖……大さじ3

特別な道具

7cmの半球形焼き型……12個

パレットナイフ

1　オーブンを180℃に予熱する。クッキングシートを切って直径6cmの円を12枚作り、周囲に切りこみを入れる。焼き型にオイルをぬり、シートをしく。

2　ボウルに中力粉、ココアパウダー、砂糖、ナッツを入れてまぜ、次に、ミルク、残りのオイルを足し、溶かしたチョコレートを入れる。まぜたら型に入れて表面を平らにする。天板に型を並べ、少しふくらんで表面が乾くまで20分焼く。型に入れたまま冷ます。

3　包丁を使ってくずさないように型からブラウニーを取りだし、表面のでっぱりを切り落とす。チョコレートクリームをあいだにぬってふたつ合わせ、球形にしたら上部をうすく切りとる。

4　パレットナイフでケーキの外側にチョコレートクリームをうすくきれいにぬる。

5　飾りつけをする。ボウルにバターと粉糖を入れ、なめらかなクリーム状になるまでねる。1/3を別のボウルに移して着色料の紫を、残りの2/3には緑を入れてまぜる。

6　茶色のフォンダンを6等分し、手のひらでころがして13cmに伸ばす。ケーキの上部に乗せて輪を作り、端と端をそっと押し合わせてつなげる。

7　緑のアイシングを輪の中に入れてスプーンの背で回し広げ、その上に紫のアイシングを乗せる。

8　小さな器に砂糖と紫の着色料を少々入れ、スプーンの背で転がすようにまぜて色をつける。大鍋の上からぱらぱらとふりかける。

ハーマイオニーはホグワーツ2年生のとき、煎じるのが難しいポリジュース薬を作ってみた。

知ってた？
ブラウニーが初めて文書に記されたのは、はるか昔、1896年のアメリカだ。

ハグリッドの小屋ロックケーキ

12個分　10分　15分

ハグリッドが作るロックケーキは食べたら歯が数本折れる。でも、これはそこまでかたくない。さくさくしたフルーティなロックケーキだ。口にしたら誰だって笑みがこぼれる。自分がハグリッドの小屋にいて、ごうごうと燃える暖炉の炎や、いねむりしている犬のファングが近くにいると思えばなおさらだ。紅茶や冷たいミルクとあわせて食べよう。

中力粉……220g
ベーキングパウダー……小さじ2
パンプキンパイ用スパイス……小さじ1
無塩バター（固形、角切り）……110g
レモンの皮（細かくすりおろす）……1個分
塩……ひとつまみ
ドライフルーツミックス……135g
グラニュー糖……100g
卵……大1個
牛乳……大さじ2
角砂糖……6～8個

1　オーブンを200℃に予熱し、天板にクッキングシートをしく。ボウルに中力粉、ベーキングパウダー、パンプキンパイ用スパイスを入れてまぜる。バターを加え、指でこするようにまぜて細かなパン粉状にする。

2　レモンの皮、塩、ドライフルーツミックス、砂糖を足してまぜる。別の小さな器で卵と牛乳をまぜてから加え、さらにまぜてしっかりとした生地にする。

3　スプーンですくって12等分し、天板に乗せる。形はきれいに整えず、ごつごつ感を出そう！　角砂糖を小さな袋に入れてめん棒で軽くたたく。生地の上にふりかけ、ふくらんであわい黄金色になるまで15分焼く。ワイヤーラックに乗せて冷ます。

「頭のおかしい毛むくじゃらだと？　俺のことじゃないだろうな？」
——ルビウス・ハグリッド、『ハリー・ポッターと秘密の部屋』

魔法界こぼれ話

映画のセット用に建てたハグリッドの小屋はふたつある。ひとつは、ハリー、ロン、ハーマイオニーが小さく見えるように、巨大サイズ。もうひとつは、ハグリッドが大きく見える普通サイズだ。

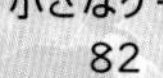

スペシャル
ヒント
このケーキは焼きたてか焼いた日に食べるのがベストだ
——だいじょうぶ、作るのはとっても簡単だから！

組分け帽子カップケーキ

 8個分　1時間～1時間半　40分

あなたは、勇気ある誠実なグリフィンドールの生徒？　機知と野心に富んだスリザリンの生徒？　それとも、知恵と知性にあふれるレイブンクローの生徒？　はたまた、忠実で勤勉なハッフルパフの生徒？　組分け帽子のカップケーキはあなたがどの寮の生徒なのかを教えてくれる。もし決められなければ、もうひとつ食べればいい！

クッキー

中力粉……95g
塩……ひとつまみ
無塩バター（固形、角切り）……110g
ココアパウダー……大さじ3
粉糖……40g
卵黄……1個

スポンジ

バター（やわらかくする）……85g
グラニュー糖……70g
中力粉……85g
ベーキングパウダー……小さじ3/4
卵……大1個
卵黄……大1個
無添加食品着色料（赤、青、緑、黄）……各数滴

飾り

プレーンチョコレートチップ……100g
無塩バター（やわらかくする）……55g
クリームチーズ……225g
粉糖……95g
ココアパウダー……大さじ2
チョコレートまたはキャラメルクリーム……大さじ3

特別な道具

7.5cmと4cmのクッキーカッター
しぼり出し袋（大）
0.5cmの口金
16.5×7.5cmの焼き型
パレットナイフ

1　オーブンを180℃に予熱し、天板にクッキングシートをしく。ボウルに中力粉、塩、バターを入れて指でこするようにまぜる。ココアパウダー、砂糖、卵黄を足してこね、しっかりした生地にしたら、粉をふった台に乗せ、長さ約11.5cmの丸太状にする。

2　1を8等分する。7.5cmのクッキーカッターを天板におき、上から生地を入れ、表面を押して平らにしたらカッターをはずす。8個作って15分焼き、クッキングシートの上で冷ます。

3　スポンジを作る。焼き型にバターをぬり、クッキングシートをしく。ボウルにバター、砂糖、中力粉、ベーキングパウダー、卵、卵黄を入れ、クリーミーになるまでまぜる。

4　生地を4等分し、別々の器に分ける。4色の着色料をそれぞれにまぜたら焼き型に均等に並べて入れる。上部を押して平らにし、表面が乾くまで25分ほど焼く。ワイヤーラックに移して冷ます。

5　アイシングを作る。チョコレートチップを溶かして冷ます。ボウルにバターを入れてなめらかになるまでまぜたら、クリームチーズ、砂糖、ココアパウダー、冷ましたチョコレートを加えてまぜ、口金をつけたしぼり出し袋につめる。

6　4cmのクッキーカッターを使って4色のスポンジから円柱を2個くりぬき、上部をカットしてとんがり帽子の形にする。2のクッキーにチョコレートかキャラメルのクリームを点々とつけ、スポンジを乗せる。

7　しぼり出し袋のチョコレートでスポンジの周囲をぬり、てっぺんをとがらせる。小さなスプーンかパレットナイフで表面をなめらかにする。スプーンの柄の先を使って口と目の穴をあけよう。

スペシャルヒント いろいろな顔を試してみよう。表情が気に入らなかったら、表面を平らにして、もういちど挑戦だ！

屋敷しもべ妖精(ようせい)キャロット・カップケーキ

9個分　1時間半～2時間＋冷ます時間　20～25分

屋敷しもべ妖精ドビーの魔法は、おせっかいで逆効果になることもある（そう、ハリーとロンが9と3/4番線にいけなくなり、ロンの父親の空飛ぶ車でホグワーツに向かったときも大変だった）。でも、ドビーはいつもよかれと思ってやっている。このよだれが出そうなニンジンのケーキはドビーたち妖精をたたえるお菓子。まさにホグワーツのパーティにふさわしい。

V　GF

カップケーキ

グルテンフリー中力粉……220g
グルテンフリーベーキングパウダー……小さじ1
キサンタンガム……小さじ1/2
パンプキンパイ用スパイス……小さじ1
ブラウンシュガー（色がうすめのもの）……170g
ニンジン（こまかくすりおろす）……中2本
レーズン……60g
植物油……150ml
卵（かきまぜる）……大2個

飾り

無塩バター（やわらかくする）……110g
粉糖……155g
無添加(むてんか)食品着色料（緑）
フォンダン（肌色）……350g
フォンダン（白）……少々
フォンダン（茶）……少々
デコレーションペン（茶）またはチョコレートペン

特別な道具

マフィントレイ
マフィンカップ（グラシン紙）……9個
パレットナイフ

1　オーブンを180℃に予熱し、トレイにマフィンカップを入れておく。カップケーキを作る。ボウルに中力粉、ベーキングパウダー、キサンタンガム、パンプキンパイ用スパイス、砂糖、ニンジン、レーズンを入れてまぜる。オイルと卵をまぜてボウルに加え、しっかりかきまぜてからカップに分け入れる。

2　表面が乾くまで20～25分焼き、ワイヤーラックに移して冷ます。

3　飾りつけをする。ボウルにバターと砂糖を入れ、クリーミーになるまでかきまぜる。緑の着色料を少し足してまぜ、カップケーキの上に乗せて、パレットナイフで縁(ふち)まで伸ばす。

4　妖精の顔を作る。肌色のフォンダンをクルミ大ほど使って、おにぎりをさかさまにしたような形に伸ばす。とがったほうに口の切りこみを入れ、カップケーキに乗せる。大きな耳ふたつと大きなわし鼻を作ってつける。目は白いフォンダンで小さな楕円(だえん)形をふたつ。その上下に肌色のフォンダンを細く伸ばしたまぶたを乗せる。服は茶色のフォンダンで作ってあごの下につける。

5　とがった包丁の先でしわを描く。緑の着色料と、茶色またはチョコレートのペンで瞳と髪の毛を描こう。

スペシャルヒント

このキャロット・カップケーキは簡単に焼けるが、飾りつけには時間がかかる。楽しみながら作ろう！

知ってた？

キャロットケーキはどこの国で生まれたのだろう？いろいろな説があるが、発明国の候補は、イギリスかフランスかスイスとされている。

「ハリー・ポッターに手を出してはなりません！」
—ドビー、『ハリー・ポッターと秘密の部屋』

魔法界こぼれ話

魔法界では、屋敷しもべ妖精は主人から靴下の片方でももらえれば自由になれる。

ハーマイオニーのビーズバッグ・ケーキ

12～14人分　2時間＋冷ます時間　50分

小さいながら、ハーマイオニーのビーズバッグは服、本、医療用品だけでなく、テントまで入れることができる。かしこい彼女がかけた検知不可能拡大呪文のおかげだ。この贅沢な紫と赤のケーキにもたくさんの驚きが隠されている。ひと口食べればわかる！　もぐもぐ、すぐにおかわりしたくなるはずだ！

V

赤と紫のケーキ

中力粉……250g

ベーキングパウダー……小さじ2

ココアパウダー……大さじ1

グラニュー糖……135g

ビーツ（粗くおろす）……小2個

植物油……大さじ6

卵……大2個

卵黄……大1個

バターミルク……175ml

白ワインビネガー……大さじ1

飾り

無塩バター（やわらかくする）……55g

クリームチーズ……150g

粉糖……220g

無添加食品着色料（紫）

フォンダン（紫）……100g

フルーツキャンディ（噛めるタイプ、赤）……ひとにぎり

フルーツグミ（赤）……3個

特別な道具

容量1リットルの鉢型耐熱容器……2個

紙またはビニールのしぼり出し袋……2枚

0.5cmの丸型口金

パレットナイフ

1　オーブンを160℃に予熱する。耐熱容器の底に円形に切ったクッキングシートをしく。ボウルに中力粉、ベーキングパウダー、ココアパウダー、砂糖を入れてまぜる。フードプロセッサーにビーツ、オイル、卵、卵黄を入れて撹拌し、ピューレを作る。バターミルクとビネガーとともに粉類に加えてまぜ、なめらかな生地にする。

2　生地を耐熱容器2個に分け入れ、表面を平らにする。ふくらんで表面が乾くまで50分焼く。細い串を刺して生地がついてこなければ焼きあがり。容器の中で冷ます。

3　飾りつけのアイシングを作る。ボウルにバターを入れ、なめらかになるまでかきまぜる。クリームチーズと粉糖を入れ、しっかりまぜる。別のボウルに大さじ3を移し、残りに紫の着色料を入れてまぜる。アイシングとしてゆるすぎる場合は1時間ほど冷蔵庫で冷やしてかためよう。

4　ケーキ2個の山のてっぺんを水平に切り取る。2個のあいだに紫のアイシングをぬってくっつけ、球形にし、皿に乗せる。パレットナイフで周囲全体にアイシングをうすくぬる。

5　残ったアイシングを口金をつけたしぼり出し袋につめ、バッグ上部の波線を3重に描く。飾りを作っているあいだ、冷蔵庫で冷やしてかためる。

6　紫のフォンダン少量を手でできるだけ細長く伸ばす。2本作ったらくるくると巻いてロープ状にし、波線の上に乗せる。

7　フォンダンを伸ばして7.5×2.5cmの長方形を5枚作り、ケーキの周囲にはりつける。キャンディを半分に割り、フォンダンのあいだに縦に並べて飾る。20cmのロープをあと2本作り、バッグのひもにする。

8　房(ふさ)を作る。フォンダンを6×2.5cmの長方形に伸ばし、長い切れめを数本入れたら縁(ふち)を筒状に巻いてケーキの脇にそえる。ゼリー3個を写真のようにおく。残しておいた白いアイシングをしぼり出し袋に入れ、先を少しカットして、長方形のフォンダンとキャンディに模様(もよう)を描く。

魔法界こぼれ話

ハーマイオニーのビーズバッグは監督デヴィッド・イェーツお気に入りの小道具だ。

イェーツはハリー・ポッターの『不死鳥の騎士団』から『死の秘宝PART2』まで4作品の監督を務めた。

スペシャルヒント

さらにもう1歩前進だ。ハリー・ポッター版のコマやチョコレートのコマをチェス盤に乗せてみよう。

魔法使いのチェス盤

16人分　40分＋冷ます時間　40分

「ナイトをH3へ！」このしゃれたケーキを作ればオリジナルの魔法チェスができる。そう、魔法チェスは普通のチェスよりはるかにカッコイイ！（初心者のためにコマが自分で動いてくれる！）。あなたはパーシーのように守りをかためる？　ロンみたいに危険をおかす？　どんな作戦をとろうとも、みんなが勝者だ。だって、とびきりおしいんだから！

V　GF

1　オーブンを190℃に予熱する。焼き型の底と側面にクッキングシートをしく。まず、うす茶色の立方体を作る。鍋にバター、ハチミツ、砂糖、オレンジの皮を入れ、バターが溶けるまでゆっくり加熱する。

2　火からおろして、オートミールをまぜ入れる。焼き型に移し、表面を平らにして、うすい黄金色になるまで20分焼く。焼き型に入れたまま10分おき、ワイヤーラックに移して冷ます。

3　次に、こげ茶色の立方体を作る。もういちど焼き型にクッキングシートをしく。鍋でバター、メープルシロップ、砂糖を溶かし、オートミールとココアパウダーを入れてまぜる。2と同様に焼いて冷ます。

4　それぞれ縦横6列、36個の立方体にカットする。少し多めにあるので、きれいな形のものを選び、縦横8列、64個を濃淡交互（のうたんこうご）に並べてチェス盤にする。カバーをかけ、出すまで涼しい場所に保管する。

チェス盤用　うす茶色の立方体

無塩バター（角切り）……165g
ハチミツ……75ml
グラニュー糖……100g
オレンジの皮（細かくおろす）……大1個分
グルテンフリーオートミール……275g

チェス盤用　こげ茶色の立方体

無塩バター（角切り）……165g
メープルシロップ……75ml
グラニュー糖……100g
グルテンフリーオートミール……250g
ココアパウダー……45g

VG　ヴィーガン向けには、うす茶色の盤に使うハチミツを乳製品不使用バターやメープルシロップに代えよう。

特別な道具

18×18cmの焼き型

スペシャルヒント

チェス盤のマス目を数時間前か前日に作っておくと、きれいにカットできる。

ホグワーツ寮のメレンゲ

12個分　40分＋冷ます・冷やす時間　1時間

フルーツのフィリングがつまったメレンゲを作ろう！　レイブンクローはブルーベリー味、グリフィンドールはラズベリー味、スリザリンはキウィ味、ハッフルパフはバナナ味。カラフルでおいしいメレンゲは、それぞれの寮がもつプライドの証（あかし）だ！

V　GF

メレンゲ

卵白……大4個

グラニュー糖……200g

仕上げ

液またはジェルの無添加（むてんか）食品着色料（青、赤、緑、黄）（フィリング欄参照）

1　オーブンを140℃に予熱し、天板2枚にクッキングシートをしく。

2　ボウルに卵白を入れ、ツノが立つまで泡立てる。砂糖大さじ1を加えてふたたび15秒ほどまぜる。これをくり返して砂糖をすべて入れ、もちもちしたつやのあるメレンゲにする。

3　メレンゲをスプーンですくい、あいだをあけて天板に12個並べる。

4　メレンゲに自分で選んだ色をつけよう。着色料を1〜2滴たらし、スプーンでさっと伸ばす。表面がカリッとするまで1時間焼き、天板の上で冷ます。

5　選んだフィリングをはさんで2個のメレンゲをつけ、涼しい場所に保管する。

フィリング

好きな寮を選び、その色と味のメレンゲを作ろう。何種類か作ってもいい。出すまで冷蔵庫で保管すること。

レイブンクロー

小さな鍋に、つぶしたブルーベリー100g、グラニュー糖小さじ2、レモン汁小さじ1を入れ、ベリーがやわらかくなるまで煮て冷ます。乳脂肪分の高い生クリーム120mlと青の着色料を数滴足し、ツノが立つまでまぜる。

グリフィンドール

ボウルにラズベリー75gを入れてつぶし、乳脂肪分の高い生クリーム120mlと赤の着色料を数滴足し、ツノが立つまでまぜる。

スリザリン

大きめのキウィ1個をつぶし、乳脂肪分の高い生クリーム120mlと緑の着色料を数滴足し、ツノが立つまでまぜる。

ハッフルパフ

ボウルにバナナ1本、レモン汁またはライム汁小さじ2を入れてつぶし、乳脂肪分の高い生クリーム120mlと黄の着色料を数滴足し、ツノが立つまでまぜる。

知ってた？
メレンゲは、フランスやイタリアのシェフから大きな影響を受けたスイスで誕生したらしい。「メレンゲ」という言葉が初めて文書に登場したのは1692年だ。

マンドレイク・ブレッド

8人分　1時間半＋発酵時間　30分

『ハリー・ポッターと秘密の部屋』に出てくる泣き叫ぶ魔法の植物マンドレイクのパンを作ろう。ここでは耳あてをしなくてもすむが、できあがったときにノックアウトされないとはかぎらない。チェリー、チョコレート、ナッツが入ったしっとりしたパンで、いつ食べてもいい完璧(かんぺき)なおやつだ。

V

生地

全粒粉……280g
強力粉……250g
塩……小さじ1
無塩バター（固形、角切り）……55g
ドライイースト……小さじ1と1/2
グラニュー糖……50g
卵（かきまぜる）……大1個
バニラエッセンス……大さじ1
牛乳（温める）……250ml
砂糖づけチェリー（きざむ）……75g
ミルクチョコレートチップ……75g
ミックスナッツ（きざむ）……60g

仕上げ

チョコレートチップ……40g
生ローリエ（葉がついた小枝）……数本

1　ボウルに粉2種、塩、バターを入れて指でこするようにまぜる。イースト、砂糖、卵、バニラ、牛乳を加えてまぜ、生地を作る。ぼそぼそするようなら牛乳を少し足そう。

2　粉をふった台に生地を乗せ、なめらかで弾力が出るまで10分こねる。うすくオイルをぬったボウルに入れ、ラップをかけ、2倍にふくらむまで暖かい場所で2時間ほど寝かせる。

3　天板にクッキングシートをしく。ボウルに、チェリー、ミルクチョコレートチップ、ミックスナッツを入れて合わせる。

4　生地をたたいて空気をぬき、粉をふった台に乗せる。1/6を取りおき、残りを3等分してそれぞれ46×10cmに伸ばす。生地3枚を横長におき、3の具を中央に横に並べ、生地の上下を合わせ、包みこんで閉じる。

5　つなぎ目を下にして、3本の片方の先をしっかりとくっつけ、三つ編みにする。下の幅を細く、中央を太くして、天板に移す。長さを30cmにしよう。

6　残りの生地を4等分する。ふたつは手のひらで押しころがし、長さ25cmにする。片側にとがった包丁で根のように切りこみを入れ、三つ編みの横につけて腕にする。別のふたつも同様に12.5cmにして三つ編みの下につけて脚にする。

7　オイルをぬったラップをふんわりとかけ、暖かい場所に30分おく。オーブンを200℃に予熱する。

8　スプーンまたはフォークの柄(え)の先を使って、目と口の部分をへこませる。ふくらんでこんがり茶色くなるまで30分ほど焼く。こげそうなときはホイルをかぶせよう。焼けたら天板の上で冷ます。

9　チョコレートチップを溶かし、しぼり出し袋につめる。先を少し切り、目と口の部分をうめ、手と足に線を描く。頭の上にローリエを刺したら完成だ。

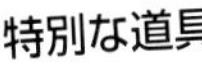

特別な道具

紙またはビニールのしぼり出し袋（小）

「マンドレイクの叫び声は、それを聞いた者の命を奪(うば)うのです」
——ハーマイオニー・グレンジャー、『ハリー・ポッターと秘密の部屋』

魔法界こぼれ話

　大人になったマンドレイクの叫び声を聞くと死んでしまうが、このパンのような苗の叫び声ならしばらく意識を失うだけだ。ふぅ、それなら大丈夫！

魔法界では、マンドレイク（またはマンドラゴラ）は石にされた人間を元にもどすために使われる。バジリスクが秘密の部屋から逃げだしたとき、役に立つ！

パン

知ってた？

ハリーたち2年生が薬草学の授業を受ける3号温室がある。映画制作スタッフがこの温室をデザインするとき参考にしたのは、ロンドンにあるキュー・ガーデンだ。

スペシャルヒント

作りおきしたい場合は、チョコレートとローリエで飾るまえに冷凍しよう。食べるときは解凍し、中温（170〜190℃）のオーブンで温めてから飾りつける。バターをぬってもおいしい！

魔法界こぼれ話

ハリー・ポッターの映画に出てくる叫ぶマンドレイクは架空だが、「マンドレイク」は実在する。地中海地方でよく見かける植物だ。

ホグワーツ糖蜜タルト

8人分　45分＋発酵時間　 1時間

ハリーの大好物、しっとりした糖蜜タルトは、オーブンから出したとたんにフォークを握りたくなる（でも、かぶりつくまえに数分冷ますこと）。魔法の精度を高めるために、自分の好きなホグワーツの寮を選び、シンボルの動物を飾ろう。

V

生地

中力粉……220g

無塩バター（固形、角切り）……150g

卵黄……大1個

グラニュー糖……大さじ2

フィリング

グラニュー糖……550g

無塩バター（固形、角切り）……55g

レモンの皮（こまかくおろす）とレモン汁……3個分

生パン粉……115g

卵（かきまぜる）……大3個

飾り

粉糖……大さじ2

1　生地を作る。ボウルに中力粉とバターを入れ、指でこするようにまぜて粗いパン粉状にする。卵黄、砂糖、冷水大さじ2を加え、かための生地にする。ラップでくるみ、冷蔵庫で30分冷やす。

2　オーブンを200℃に予熱する。粉をふった台の上で生地を伸ばし、焼き型にしき、クッキングシートをかぶせ、上にパイウェイトをしきつめる。

3　20分焼く。クッキングシートとウェイトをはずし、オーブンの温度を180℃に下げておく。

4　フィリングを作る。厚手の鍋に砂糖と水120mlを入れ、ゆっくり温めながら砂糖を溶かす。火を強め、泡立ってきたら、こげ茶色になるまで10分煮つめる。火が通りすぎないよう、鍋底を冷水につけよう。

5　鍋にバター、レモンの皮と汁を加え、なめらかになるまでまぜる。かたすぎる場合は弱火にかけてかきまわす。パン粉と卵を加えてまぜたら焼き型に流し入れ、フィリングが少しかたまるまで30～40分焼く。

特別な道具

直径23cm、深さ4cmの底がはずせるタルト用丸形焼き型

パイウェイト（生地がふくらまないようにするおもし）

スペシャルヒント

作りかた4のシュガーシロップは、あせらずにゆっくりと作ろう！　質のよい厚手の鍋を使って、火を強めるまえに砂糖を完全に溶かそう。シロップはすぐに色が濃くにがくなって、こげてしまうので、目を離さないこと。

このシロップは、ハリーの好きなタルトに昔から使われている「ゴールデン・シロップ」の手作り版だ。手に入るなら、これを475g使ってもいい。

レモン風味がたまらないタルトだ。

6　焼いているあいだに、115ページにある糖蜜タルトのテンプレートを写して切りとり、タルトが焼きあがったら中央に型紙をおき、茶こしか細かなふるいで粉糖をふりかけ、そっと型紙をはずす。パレットナイフで端を持ちあげるとうまくいく。

スペシャルヒント

ここではハッフルパフのシンボル、アナグマにしたが（115ページのテンプレート参照）、グリフィンドールならライオン、レイブンクローならワシ、スリザリンならヘビにしよう。

知ってた？

糖蜜タルトは冷めてからでも焼きたてでもおいしい。

空飛ぶ羽つき鍵クッキー

 16〜18個分  45分 10分

映画第1作では、ハリー、ロン、ハーマイオニーは数々の邪魔者(じゃまもの)と向きあわなければならなかった。そのひとつがフィリウス・フリットウィック教授がなんでも飛ばす魔法を使って作った羽のはえた鍵だ。自分なりに、たくさんの鍵——できればすぐつかまえられる鍵——を作ってみよう。簡単だし、楽しい。このナッツ味のクッキーを食べれば、ひらひら、みんな空を飛べる！

V GF

クッキー

卵白……大1個
ゴールデングラニュー糖（糖蜜を含むうす茶色のグラニュー糖）……50g
ヘーゼルナッツ（粉末）……55g

飾り

ライスペーパー……数枚
デコレーションペン（金色）

特別な道具

紙またはビニールのしぼり出し袋
0.5cmの丸型口金

1　オーブンを180℃に予熱する。116ページのテンプレートを写して、型紙を2種類作る。天板にクッキングシートをしく。
2　ボウルに卵白を入れ、ツノが立つまで泡立てる。スプーン1杯ずつ砂糖を加え、つやが出るまでまぜる。ヘーゼルナッツを入れてまぜ、口金をつけたしぼり出し袋につめる。
3　鍵の型紙をクッキングシートの下にしき、鍵の頭の丸い部分から先のほうへとしぼり出す。鍵の先の部分は1cmの線を横に3本描く。型紙をずらして16〜18個作る。
4　うすい黄金色になり、パリッとするまで10分焼く。冷めたら気をつけてクッキングシートからはずそう。
5　ライスペーパーに羽の型紙をあてて切りとる。ペーパーを重ねればいちどに数枚作れる。デコレーションペンでクッキーに写真のような模様(もよう)を描いたら、鍵のまん中あたりにちょんちょんとしぼり出して、羽をつける。羽を上向きに曲げてもいい。

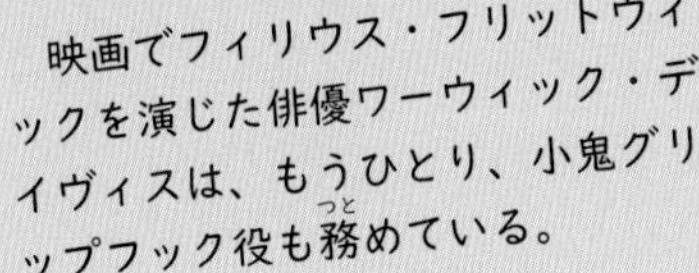

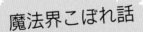

魔法界こぼれ話

映画でフィリウス・フリットウィックを演じた俳優ワーウィック・デイヴィスは、もうひとり、小鬼グリップフック役も務(つと)めている。

THE MONSTER BOOK OF MONSTERS

怪物的な怪物の本

12～14人分  2時間半～3時間＋冷ます時間  45～50分

エドワーダス・リマが書いた『怪物的な怪物の本』は、この本に出てくるファンタスティックビーストや表紙の怪物と同じく生きている。そのバナナ風味版は、指をかみ切ったりはしないが、切りわけるまえに背表紙をなでたほうがいい。念のため！

V

1　オーブンを160℃に予熱する。焼き型にバターをぬり、クッキングシートをしく。バター、砂糖、バニラ、シナモンを白くクリーミーになるまでまぜる。卵を少しずつまぜ入れ、分離するようなら中力粉をスプーン1杯ほど足そう。つぶしたバナナ、中力粉、ベーキングパウダーを加え、よくまぜる。

2　焼き型に入れて表面を平らにする。ふくらんで黄金色になり、表面がかたまりはじめるくらいまで45～50分焼く。型に入れたまま5分おき、ワイヤーラックに移して冷ます。

3　アイシングを作る。砂糖とバターを白っぽくクリーミーになるまでまぜる。ケーキの端4cmを切ったら短い辺のほうに足し、はみ出した部分をカットして24×16cmの箱形にする。ケーキを皿かボードに移し、アイシングでふたつをつけ、上部と側面をぬる。

4　粉糖をふった台の上で白のフォンダン（歯の分を残しておく）に茶色の着色料を少々まぜてクリーム色にする。半分にわけ、ひとつを伸ばし、背表紙の部分以外、側面の形に合わせて長方形を3つ切りとってはりつけ、つなぎめをなじませる。

5　残りの半量を伸ばし、ケーキよりほんの少し大きくカットしたら、上からかぶせて軽く押さえる。大きな包丁の背を3つの側面に押しつけて、ページの線をつける。

6　本の縁に5で残ったフォンダンを細長く伸ばしてつけ、ぬらした細い筆できれいにはりつける。はみ出した分はカットして取っておく。

ケーキ

無塩バター（やわらかくする）……195g＋型にぬる分
グラニュー糖……200g
バニラエッセンス……小さじ2
シナモン（粉末）……小さじ1
卵（かきまぜる）……大3個
バナナ（つぶす）……中3本
中力粉……220g
ベーキングパウダー……小さじ2

アイシング

粉糖……315g
無塩バター（やわらかくする）……165g

飾り

粉糖（こねるときに使用）
無添加食品着色料（黒、茶）
フォンダン（白）……675g
フォンダン（黒）……50g
フォンダン（茶）……50g
フォンダン（赤）……少々
食用液体着色料（金）

特別な道具

細い筆
しぼり出し袋（大）
0.5cmの丸型口金
20×20cmの焼き型

7　黒のフォンダンを豆粒大の瞳4つ分残して、茶色いフォンダンとまぜる。粉糖をふった台でうすく伸ばし、大9.5×7.5cmと小9.5×4cmの長方形に切る。大を表紙の上側に、小を下側に乗せ、あとでタイトルを書く。

8　残った黒茶のフォンダンで怪物の顔を作る。鼻の部分を高く、上部を広く、目の部分をへこませて表紙の中央に乗せる。クリーム色のフォンダンで豆粒大の目を4つ作り、ぬらした筆でつけたら、その上に黒いフォンダンを丸めた瞳をつける。

9　赤いフォンダンで半円の歯ぐきを2個、白いフォンダンでとがった歯をいくつか作ってつける。残った赤のフォンダンを伸ばし、曲がった舌のようなしおりにする。金の着色料を使って筆でタイトルを書く――上に「THE MONSTER BOOK OF」、下に「MONSTERS」（怪物的な怪物の本）。

スペシャルヒント

顔とあごはちょっと手間がかかるが、それなりに仕上がる。もし気に入らなかったらやりなおせばいい。

フォンダンは、使わないときはかわかないようにぴたりとラップをかけておこう。

10　3で残ったアイシングをふたつのボウルに分け、片方は黒の着色料を足して灰色にし、片方には茶色の着色料を加える。口金をつけたしぼり出し袋にスプーンで交互につめたら、ケーキ上下の縁にそって少しずつしぼり切っていく。上面の縁はたれさがるように。

11　次に、表紙と背表紙に小さなかたまりを続けてしぼり出し、フォークの先を使って毛羽立てよう。

魔法界こぼれ話

グラフィックデザイナーのミラフォラ・ミナは『ハリー・ポッターとアズカバンの囚人』で使用する『怪物的な怪物の本』をいくつかデザインした。ひとつは、かぎ爪のはえた足ととがった尾がついていた。

映画に出てくる『怪物的な怪物の本』のなかみをじっくり見てみよう。ヒッポクリフ、屋敷しもべ妖精、マンドレイクの根など、いろいろのっている。

ダンブルドアのシャーベットレモン・ロール

14個分　30分＋発酵時間　10分

アルバス・ダンブルドアについて、誰もが知っていることが3つある。1．自分が載っている蛙チョコレートのカードを誇りにしていること。2．ヴォルデモート卿が、ハリー以外に恐れている唯一の魔法使いであること。そして、3．とびきりの甘党であること（なかでもシャーベットレモンには目がない）。長寿の偉大な魔法使いに敬意を表し、甘ずっぱいレモンロールを作ろう。まさにレモンのごちそうだ！

ロール

強力粉……440g
塩……小さじ1/2
無塩バター（冷やす、角切り）……55g
ドライイースト……小さじ1と1/2
グラニュー糖……70g
卵（かきまぜる）……大2個
牛乳（温める）……150ml
レモンキャンディ……14個

仕上げ

粉糖……220g
レモン汁……約大さじ2
無添加食品着色料（黄）……少々

1　ボウルに強力粉、塩、バターを入れ、指でこするようにまぜる。イースト、砂糖、卵、牛乳を加え、ヘラでまぜ、ぼそぼそするようなら牛乳を少し足す。
2　粉をふった台に乗せ、なめらかで弾力が出るまで10分こねる。うすくオイルをぬったボウルに入れ、ラップをかけ、2倍にふくらむまで暖かい場所に1時間半おく。
3　天板にクッキングシートをしく。生地をたたいて空気をぬき、粉をふった台に乗せて14等分する。
4　楕円形に伸ばし、中央にキャンディを乗せる。生地でくるんで太い指のような形にし、つぎめを下にして天板に並べる。
5　ふんわりとラップをかけ、ふくらむまで暖かい場所で30～40分寝かせる。オーブンを200℃に予熱する。
6　うすい黄金色になるまで10分ほど焼き、ワイヤーラックに移して冷ます。
7　粉糖とレモン汁大さじ1と1/2をまぜる。黄色の着色料を入れ、残りのレモン汁を1滴ずつ足しながら、なめらかでスプーンの背につく程度（ボウルの中でゆっくりと平らになるくらい）に調整する。レモン汁はすべて使わなくてもいい。スプーンでロールの上にかける。

魔法界こぼれ話

ハリーがホグワーツ2年生のとき、「シャーベットレモン」はダンブルドアの校長室にいくためのパスワードだった。

スペシャルヒント

ひとつ注意——焼きたてにかぶりつかないこと。中はアツアツだ！

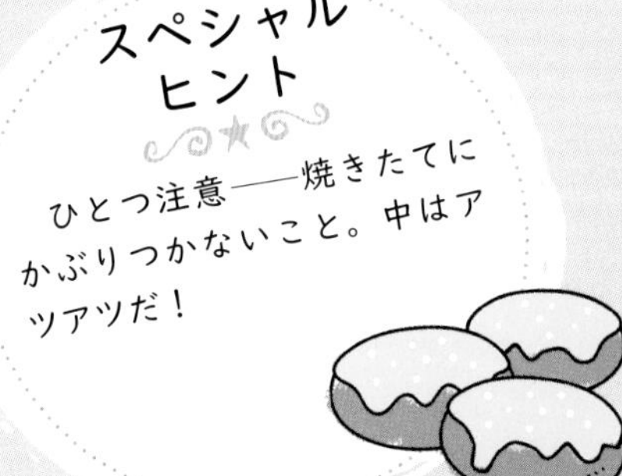

スペシャル
ヒント
食用ラメをふりかけて
みよう。キラキラ。
まさに魔法の輝きだ！

パフスケイン・シュークリーム

8個分　1時間＋冷ます時間　25分

砂糖、スパイス（といっても塩ひとつまみだが）のほか、文句なしの材料で作るこのかわいらしいミニシュークリームは、あまりにキュートで食べるのを迷ってしまうほど。モデルは、フレッドとジョージが営むウィーズリー・ウィザード・ウィーズで売っている、ピンクと紫の愛くるしい生き物だ。カスタードがおいしくて、いちど作って食べつくしたら、すぐまた作りたくなることまちがいなし！

V

シュー生地

中力粉……65g＋大さじ1
無塩バター（角切り）……55g
グラニュー糖……大さじ2
塩……ひとつまみ
卵（かきまぜる）……大2個

カスタードフィリング

牛乳……310ml
卵黄……大3個
グラニュー糖……大さじ3
バニラエッセンス……小さじ2
コーンスターチ……大さじ3
乳脂肪分の高い生クリーム……120ml
巣蜜のかたまり……100g

飾り

デコレーションペン（白）……少々
目玉用キャンディ……16個
乳脂肪分の高い生クリーム……370ml
粉糖……大さじ1と1/2
食品着色料（ピンク）

特別な道具

紙製またはビニール製のしぼり出し袋（大）……2枚
1cmの丸型口金
0.5cmの星型口金

1　オーブンを200℃に予熱する。天板にクッキングシートをしく。別のクッキングシートを広げ、中力粉をふるいにかける。

2　小さな鍋にバター、砂糖、塩、水150mlを入れ、ゆっくりと温めてバターを溶かす。沸騰したらクッキングシート上の中力粉を入れる。鍋を火からおろし、木ベラでかきまぜ、かためのペースト状になったら5分冷ます。

3　鍋に卵を少量加え、完全にまざるまでかき回す。さらに少しずつ卵を足しながらまぜあわせ、もったりしてつやのあるペーストにする。これを丸型口金をはめたしぼり出し袋につめる。天板の上に、あいだをあけて、生地を楕円形に8個しぼり出す。ペーストはすべて使い切ろう。

4　ふくらんで黄金色になるまで25分焼く。べったりしないように、横に小さな切れめを入れて蒸気をにがす。ワイヤーラックに乗せて冷ます。

5　フィリングを作る。小さな鍋に牛乳を入れ、沸騰寸前まで加熱する。ボウルに卵黄、砂糖、バニラ、コーンスターチを入れてなめらかになるまでまぜたら、熱い牛乳を加えてさらにまぜる。

6　ふたたび火にかけ、つねにまぜながら、こってりするまでゆっくりと加熱する。ボウルに移し、膜ができないよう表面にラップをぴったりかけて冷ます。

7　生クリーム120mlをボウルに入れ、ツノが立つまで泡立てる。これに6のカスタードと巣蜜をまぜ、スプーンでシューの切れめからつめる。

8　シューの片方の端に、デコレーションペンを使って目をふたつつける。ボウルに生クリーム370ml、砂糖、ピンクの着色料を数滴入れ、形を保てるかたさまで泡立てる。これをスプーンで星型口金をはめたしぼり出し袋に入れ、シュー上部にちょんちょんと毛のように飾りつける。食べるまで冷蔵庫で保存する。

ルーナ・ラブグッドによると、パフスケインはボクシング・デー（クリスマスの翌日）に歌うらしい。

魔法界こぼれ話
パフスケインは魔法界の小さな生き物で、ふわふわした毛におおわれている。『ハリー・ポッターと謎のプリンス』で、ジニー・ウィーズリーが、兄たちの経営する「いたずら専門店」で買ったペットだ。なんとおしゃれにも、ジニーがつけた名前はアーノルド！
知ってた？
プロフィトロールやシューパフ、クリームパフとしても知られるシュークリームは、フランスやイタリアのお祝いの席でよくふるまわれるそう！

ニットセーター・クッキー

12個分　1時間＋冷やす時間　15分

ロンの母親モリー・ウィーズリーは愛情をこめてセーターを編む。ハリーは映画第1作でセーターをもらって感激した――初めてもらった本物のプレゼントだ！　このすてきなクリスマスプレゼントをオリジナルのクッキーにしてみよう。1回で12個焼けるので、家族や友だち用も作れる。

V　GF

クッキー

無塩バター（やわらかくする）……150g
粉糖……85g
塩……ひとつまみ
ショウガ（おろす）……小さじ2
卵黄……大2個
グルテンフリー中力粉……220g
キサンタンガム……小さじ1と1/2

飾り

無塩バター（やわらかくする）……85g
粉糖……220g
無添加(むてんか)食品着色料（緑、赤）
デコレーションペン（金または黄色）

特別な道具

紙またはビニールのしぼり出し袋（小）……2枚
「片目（両目）」（ギザギザ）口金

1　バター、砂糖、塩、ショウガを合わせ、クリーミーになるまでまぜる。卵黄を少しずつまぜ入れ、中力粉とキサンタンガムを加えてまぜ、なめらかでしっかりした生地になったら、ラップをかけて2時間冷やす。

2　天板にクッキングシートをしく。116ページのテンプレートを写して型紙を作る。粉をふった台で生地を伸ばし、型紙を乗せ、とがった小型の包丁で切りぬく。天板に移して30分冷やす。オーブンを180℃に予熱する。

3　縁(ふち)が淡い黄金色になるまで15分焼き、天板に乗せたまま冷ます。

4　飾りつけをする。ボウルにバターと砂糖を入れ、白っぽくクリーミーになるまでまぜる。半量を別のボウルに移し、片方に緑、片方に赤の着色料を足してアイシングを作る。緑のアイシングを口金をつけたしぼり出し袋につめ、6枚のクッキーにセーターを書く。袖(そで)からはじめてえりを最後に描こう。

5　口金を洗って別のしぼり出し袋につけ、赤のアイシングをつめ、残り6枚を同じように飾りつける。

6　金か黄色のデコレーションペンで緑のセーターに「H」、赤のセーターに「R」と書く。食べるまで涼しい場所に保管しよう。

スペシャルヒント

このおしゃれなクッキーは前日に焼いて保存しておける。密閉(みっぺい)容器に入れておけば、しけることもない。出す日に飾りつけをしよう。

知ってた？

チーズケーキははるか昔に誕生した——そう、古代ギリシアで！　もっとも古いチーズケーキの記録を残したのは、紀元前５世紀、ギリシアの医師エイギムスだ。

隠れ穴チョコレート・チーズケーキ

 10～12人分　 1時間～1時間半＋冷ます時間　約1時間

いまにもくずれそうでごちゃごちゃした家。子供が7人もいればそうなるのもあたりまえだ！――でも、ウィーズリー一家の「隠れ穴」は活気にあふれていてあたたかく、ハリーはいつだっていごこちがいい。このおいしいチーズケーキは、母モリーと父アーサーが建てたすてきな魔法の家のレプリカだ。魔法の代わりにチョコレートのフィンガークッキーを使って建ててみよう！　なにしろおいしいから！

V

チーズケーキ

無塩バター（固形、角切り）……85g

チョコレートサンドクッキー……300g

ホワイトチョコレートチップ……450g

クリームチーズ……510g

卵……大3個

乳脂肪分の高い生クリーム……150ml

飾り

チョコレートフィンガークッキー……10本くらい

ミルクチョコレートのデコレーションペン

特別な道具

20×20cmの焼き型

1　オーブンを160℃に予熱する。焼き型の底と側面にクッキングシートをしく。ケーキ用のバターを小さな鍋で溶かす。

2　チョコレートサンドクッキーをひとつ残してビニール袋に入れ、めん棒でたたいてこなごなにする。鍋に入れてチーズとよくまぜる。大さじ3を取りおき、残りを焼き型に入れ、しっかり押しかためて冷蔵庫で冷やす。

3　ホワイトチョコレートを溶かす。ボウルにクリームチーズを入れてなめらかになるまでまぜたら、卵と生クリームを少しずつ加えながらかきまぜる。ホワイトチョコレートを加えてまぜ、チョコレートサンドクッキーをつめた型に入れて平らにする。

4　表面がかたまりはじめる程度まで1時間焼く。冷めるとさらにかたまる。できればひと晩かけて冷やそう（スペシャルヒント参照）。

5　ケーキをボードに乗せ、側面のクッキングシートをはがす。114ページの図（1）に合わせて切り、図（2）を見ながら大きな皿かボードに並べる。1回切るたびに包丁の刃をふくこと。

スペシャルヒント

チーズケーキはできれば前日に焼こう。ひと晩かけてしっかりかためると切りやすくなる。

6　チョコレートフィンガークッキーを写真（112ページ）のように乗せる。ドアや窓はデコレーションペンで描く。

7　取っておいたクッキー１枚を半分に割り、玄関のドアといちばん上の窓に飾る。くだいたクッキーのひとかけらをドアノブにし、残りは家の下にしく。出すまで涼しい場所で保管する。

スペシャルヒント

チョコレートペンが手に入らなかったらミルクチョコレートで作ろう。溶かして紙のしぼり出し袋に入れ、先をちょっと切れば細い線が描ける。

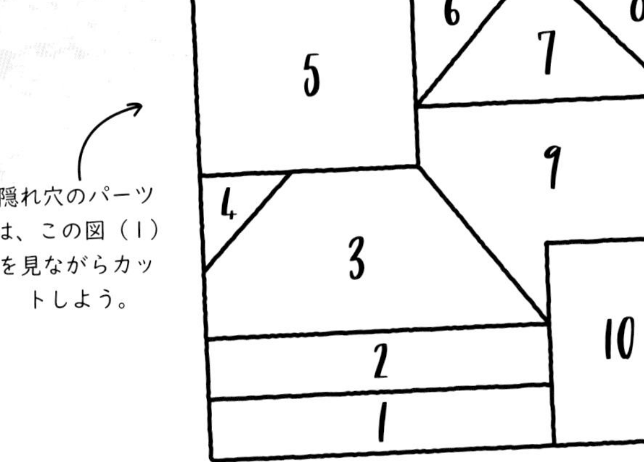

隠れ穴のパーツは、この図（1）を見ながらカットしよう。

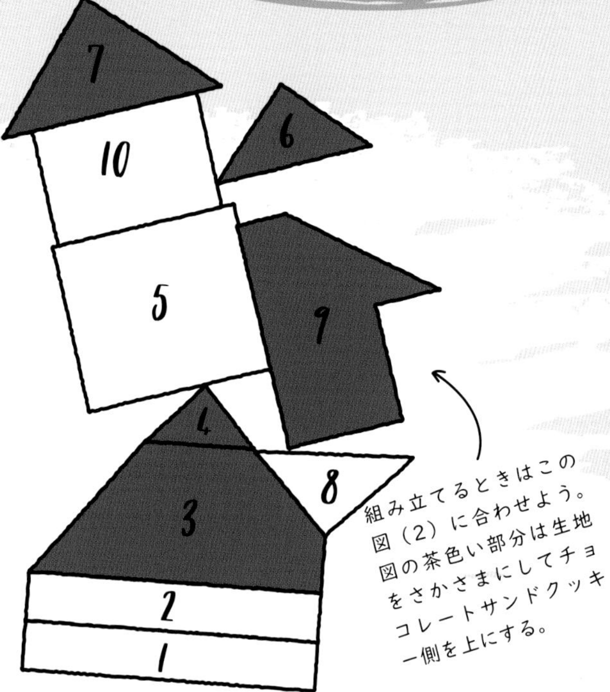

組み立てるときはこの図（2）に合わせよう。図の茶色い部分は生地をさかさまにしてチョコレートサンドクッキー側を上にする。

魔法界こぼれ話

『ハリー・ポッターと謎のプリンス』で、隠れ穴は死喰い人に焼かれてしまう。隠れ穴のセットはその後も使用する予定だったため、制作チームは1/3サイズの複製を作った。アシスタント・アートディレクターのゲイリー・トムキンズは、こうふりかえる。「建てるのに半年かかったけど、焼き尽くすのはわずか６分だったよ」

テンプレート

テンプレートを紙に写し、カットして型紙にしよう

グリフィンドールの剣クッキー

ホグワーツ糖蜜(とうみつ)タルト

点線の部分は切りぬこう。

黒い湖タルト

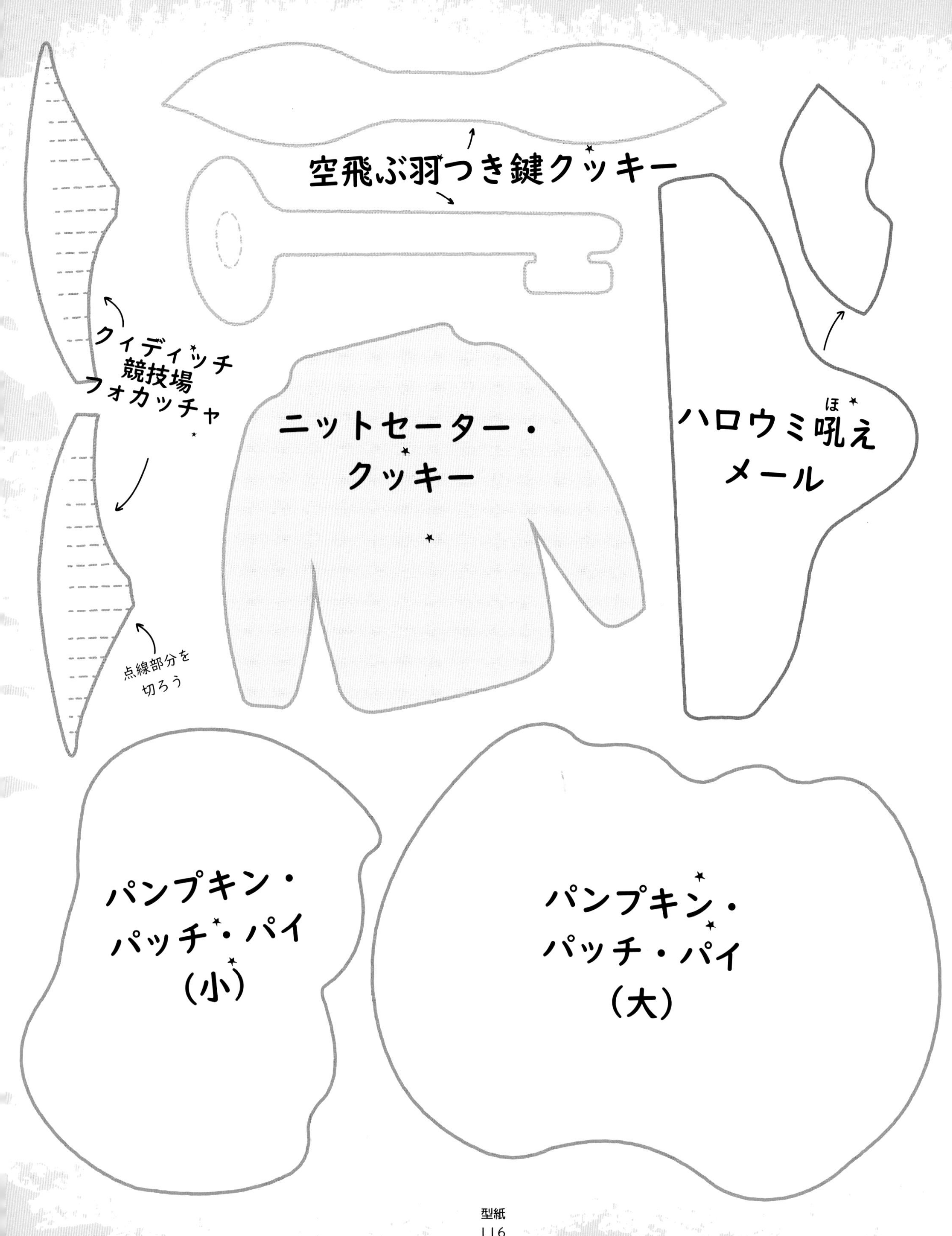
空飛ぶ羽つき鍵クッキー
クィディッチ
競技場
フォカッチャ
点線部分を
切ろう
ニットセーター・
クッキー
ハロウミ吼え
メール
パンプキン・
パッチ・パイ
（小）
パンプキン・
パッチ・パイ
（大）

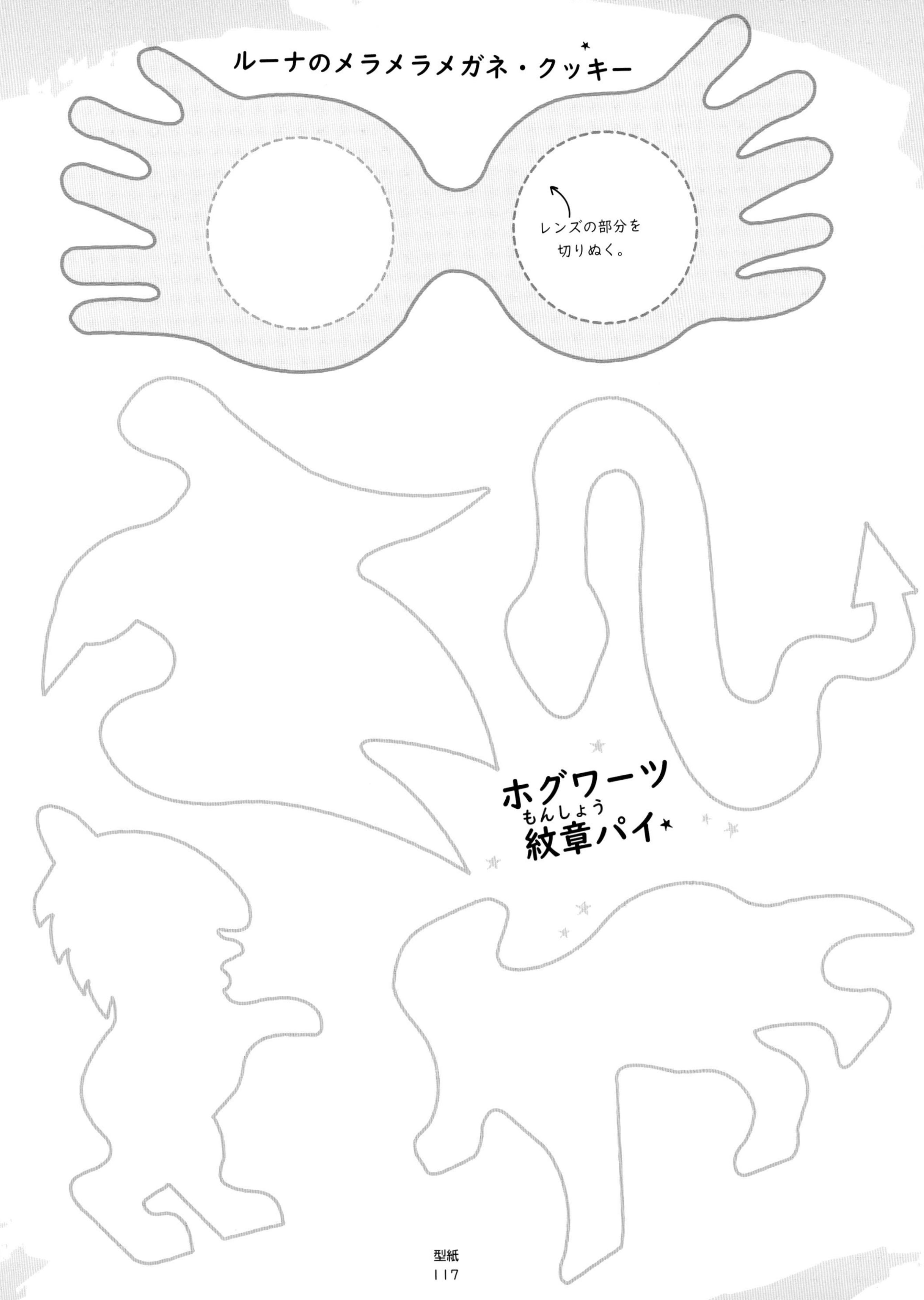
ルーナのメラメラメガネ・クッキー
レンズの部分を
切りぬく。
ホグワーツ
紋章パイ

ホグワーツ
もんしょう
紋章パイ

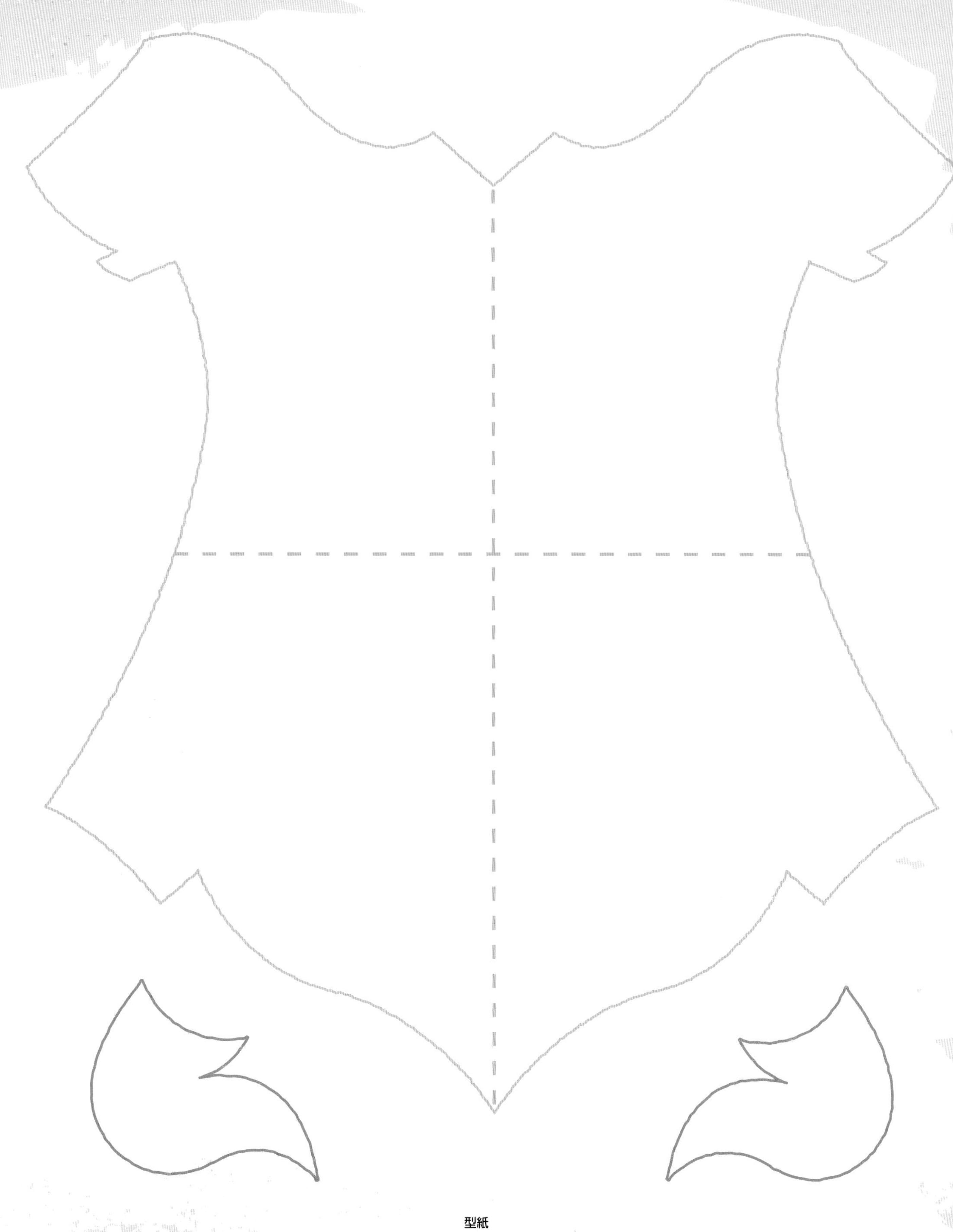

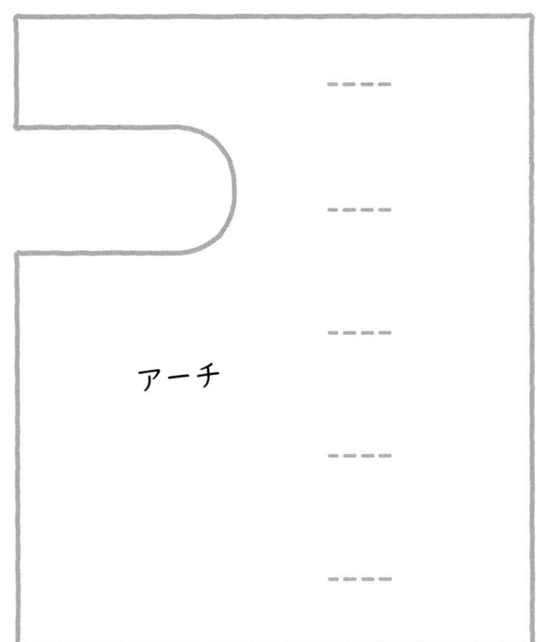

大広間の屋根

ホグワーツ・ジンジャーブレッド城

ホグワーツ魔法魔術学校の屋根
x2

タワー（高）
x1
タワー（中）
x4
タワー（低）
x1

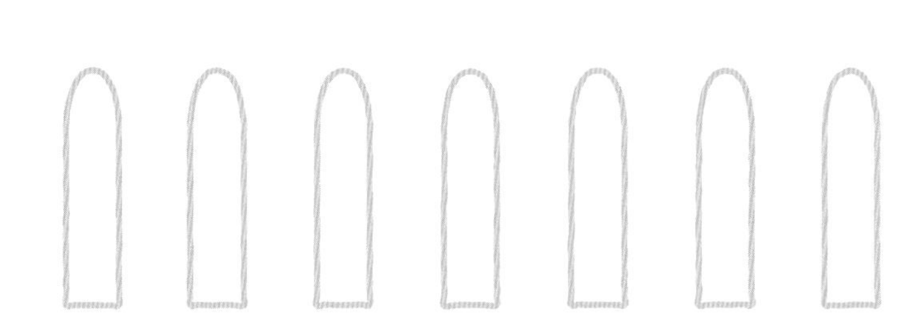

大広間の横壁
x2

タワー（低）の土台
x5

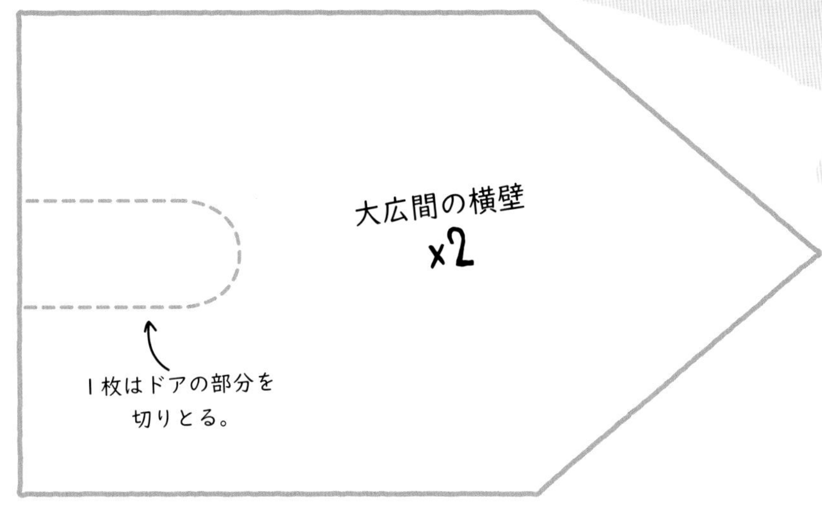

魔法魔術学校の前後の壁
x2

魔法魔術学校の横壁
x2

点線の部分に窓を作る。スプーンなどの平たい柄を使って穴をあけよう。

索引

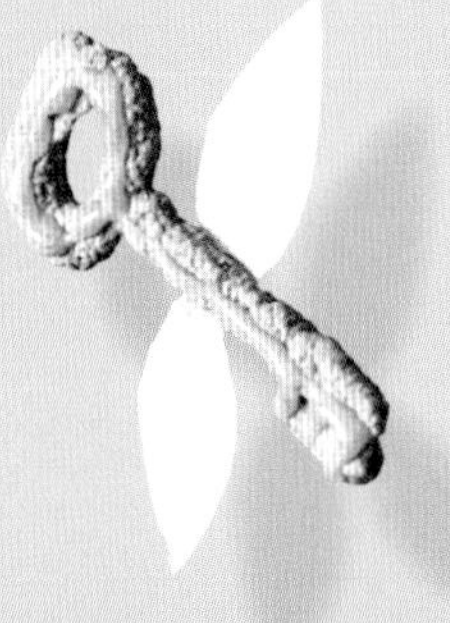

First published in the USA by Scholastic Inc.
Japanese translation rights arranged with Scholastic Inc., 557 Broadway, New York,
Through Tuttle-Mori Agency, Inc., Tokyo

◆著者◆
ジョアンナ・ファロー（Joanna Farrow）
サセックスを拠点とするフードライター兼スタイリストで、30年以上の経験がある。著書に、『Doctor Who: The Official Cookbook』や『The Great British Bake Off Bake It Better: Pastry and Patisserie Cookbook』など、数十冊の料理本がある。

◆訳者◆
内田智穂子（Chihoko Uchida）
学習院短期大学英語専攻課卒。翻訳家。訳書に、エドワーズ『雑草の文化誌』（花と木の図書館シリーズ）、フッド『ジャム、ゼリー、マーマレードの歴史』（「食」の図書館シリーズ）、サウスウェル、ドナルド『図説世界の陰謀・謀略論百科』、コノリー『図説呪われたアメリカの歴史』、エリオット『図説バラの博物百科』（以上、原書房）、ベギーチ『電子洗脳――あなたの脳も攻撃されている』（成甲書房）などがある。

公式ハリー・ポッター
魔法の料理帳

●

2024年3月31日　第1刷

著者………ジョアンナ・ファロー
訳者………内田智穂子
装幀………川島進デザイン室

本文組版・印刷………株式会社ディグ
カバー印刷………株式会社ディグ
発行者………成瀬雅人
発行所………株式会社原書房
〒160-0022　東京都新宿区新宿1-25-13
電話・代表 03(3354)0685
http://www.harashobo.co.jp
振替・00150-6-151594
ISBN978-4-562-07384-9